JN417827

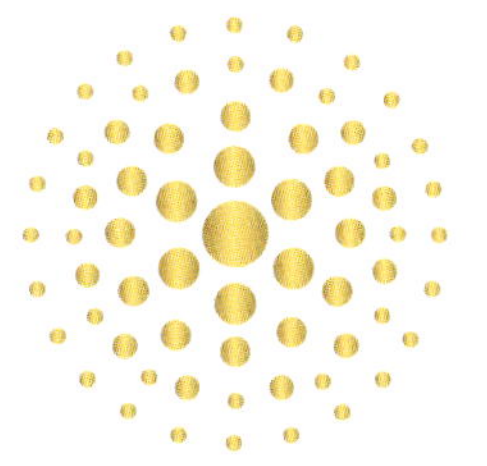

바로보인

전등록 傳燈錄

8

농선 대원 역저

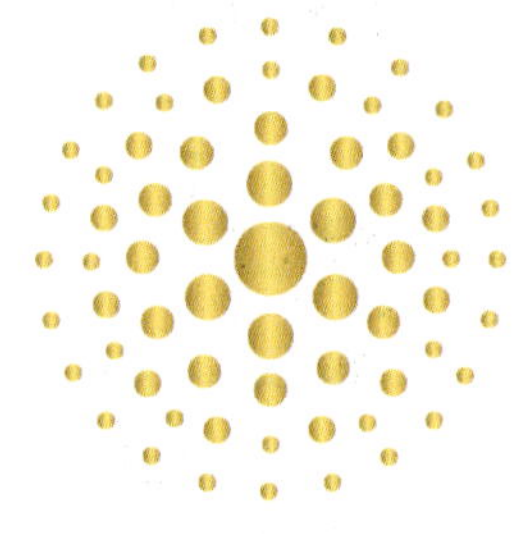

이 원상은 농선 대원 선사님께서 직접 그리신 것으로 모든 불성이 서로 상즉해 공존하는 원리를 담은 것이다.

선 심(禪心)

누리 삼킨 참나를
낙화(落花)로 자각(自覺)
떨어지는 물소리로 웃고 가는 길
돌에서 꽃에서도 님이 맞는다

정맥 선원의 문젠 마크는 농선 대원 선사님께서 마음을 상징하는 달(moon)과 그 마음을 깨달아 마음이 내가 된 삶인 선(zen)을 평화의 상징인 비둘기로 형상화하신 것이다.

교조 석가모니 부처님과
부처님으로부터 직계로 내려온
불조정맥 78대 조사들의
진영과 전법게

불조정맥

불조정맥이란 석가모니 부처님으로부터 현 78대 조사에 이르기까지 스승에게 깨달음의 인증인 인가를 받아 법을 전하라는 부촉을 받은 전법선사의 맥이다. 여기에 실린 불조진영과 전법게는 농선 대원 선사님께서 다년간 수집 정리하여 기도와 관조 끝에 완성하여 수립하신 것이다. 각 선사의 진영과 함께 실린 전법게는 스승으로부터 직접 전해 받은 게송이다. 단, 석가모니 부처님 진영에 실린 게송은 석가모니 부처님의 게송이다.

교조 석가모니 부처님

환화라고 하는 것 근본 없어 생긴 적도 없어서	幻化無因亦無生
모두가 스스로 이러-해서 본다 함도 이러-하네	皆則自然見如是
모든 법도 스스로 화한 남, 아닌 것이 없어서	諸法無非自化生
환화라 하지만 남이 없어 두려워할 것도 없네	幻化無生無所畏

제1조 마하가섭 존자

법이라는 본래 법엔 법이랄 것 없으나	法本法無法
법이랄 것 없다는 법, 그 또한 법이라	無法法亦法
이제 법이랄 것 없음을 전해줌에	今付無法時
법이라는 법인들 그 어찌 법이랴	法法何曾法

제2조 아난다 존자

법이란 법 본래의 법이라	法法本來法
법도 없고 법 아님도 없으니	無法無非法
어떻게 온통인 법 가운데	何於一法中
법 있으며 법 아닌 것 있으랴	有法有非法

제3조 상나화수 존자

본래의 법 전함이 있다 하나	本來付有法
전한 말에 법이랄 것 없다 했네	付了言無法
각자가 스스로 깨달으라	各各須自悟
깨달으면 법 없음도 없다네	悟了無無法

제4조 우바국다 존자

법 아니고 마음도 아니어서	非法亦非心
맘이랄 것, 법이랄 것 없나니	無心亦無法
마음이다, 법이다 설할 때는	說是心法時
그 법은 마음법이 아니로다	是法非心法

제5조 제다가 존자

마음이란 스스로인 본래의 마음이니	心自本來心
본래의 마음에는 법 있는 것 아니로다	本心非有法
본래의 마음 있고 법이란 것 있다 하면	有法有本心
마음도 아니요 본래 법도 아니로다	非心非本法

제6조 미차가 존자

본래의 마음법을 통달하면	通達本心法
법도 없고, 법 아님도 없도다	無法無非法
깨달으면 깨닫기 전과 같아	悟了同未悟
마음이니, 법이니 할 것 없네	無心亦無法

제7조 바수밀 존자

맘이랄 것 없으면 얻음도 없어서	無心無可得
설함에 법이라 이름할 것도 없네	說得不名法
만약에 맘이라 하면 마음 아님 깨달으면	若了心非心
비로소 마음인 마음법 안다 하리	始解心心法

제8조 불타난제 존자

가없는 마음으로	心同虛空界
가없는 법 보이니	示等虛空法
가없음을 증득하면	證得虛空時
옳고 그른 법이 없다	無是無非法

제9조 복타밀다 존자

허공이 안팎 없듯	虛空無內外
마음법도 그러하다	心法亦如此
허공이치 요달하면	若了虛空故
진여이치 통달하네	是達眞如理

제10조 파율습박(협) 존자

진리란 본래에 이름할 수 없으나	眞理本無名
이름에 의하여 진리를 나타내니	因名顯眞理
받아 얻은 진실한 법이라고 하는 것	受得眞實法
진실도 아니요, 거짓도 아니로세	非眞亦非僞

제11조 부나야사 존자

참된 몸 스스로 이러-히 참다우니 眞體自然眞
참됨을 설함으로 인해 진리란 것 있다 하나 因眞說有理
참답게 참된 법을 깨달아 얻으면 領得眞眞法
베풀 것도 없으며 그칠 것도 없다네 無行亦無止

제12조 아나보리(마명) 존자

미혹과 깨침이란 숨음과 드러남 같다 하나 迷悟如隱顯
밝음과 어둠이 서로가 여윌 수 없는 걸세 明暗不相離
이제 숨음이 드러난 법 부촉한다지만 今付隱顯法
하나도 아니요, 둘도 또한 아니로세 非一亦非二

제13조 가비마라 존자

숨었느니 드러났느니 하지만 본래의 법에는 隱顯卽本法
밝음과 어두움이 원래에 둘 아니라 明暗元不二
깨달아 마친 법을 전한다고 하지만 今付悟了法
취함도 아니요, 여윔도 아니로세 非取亦非離

제14조 나가르주나(용수) 존자

숨을 수도, 드러날 수도 없는 법이라 함 非隱非顯法
이것이 참다운 실제를 말함이니 說是眞實際
숨음이 드러난 법 깨달았다 하나 悟此隱顯法
어리석음도 아니요 지혜로움도 아니로다 非愚亦非智

제15조 가나제바 존자

숨었느니 드러났느니 하면 법에 밝다 하랴 爲明隱顯法
밝게 해탈의 이치를 설하려면 方說解脫理
저 법에 증득한 바도 없는 마음이어야 하니 於法心不證
성낼 것도 없으며 기쁠 것도 없다네 無嗔亦無喜

제16조 라후라타 존자

본래에 법을 전할 사람 대해	本對傳法人
해탈의 진리를 설하나	爲說解脫理
법엔 실로 증득한 바 없어서	於法實無證
마침도 비롯함도 없느니라	無終亦無始

제17조 승가난제 존자

법에는 진실로 증득한 바 없어서	於法實無證
취함도 없으며 여읨도 없느니라	不取亦不離
법에는 있다거나 없다는 상도 없거늘	法非有無相
안이니 밖이니 어떻게 일으키리	內外云何起

제18조 가야시다 존자

맘 바탕엔 본래에 남 없거늘	心地本無生
바탕의 인, 연을 좇아 일으키나	因地從緣起
연과 종자 서로가 방해 없어	緣種不相妨
꽃과 열매 그 또한 그러하네	華果亦復爾

제19조 구마라다 존자

마음의 바탕에 지닌 종자 있음에	有種有心地
인과 연이 능히 싹 나게 하지만	因緣能發萌
저 연에 서로가 걸림이 없어서	於緣不相礙
마땅히 난다 해도 남이 남 아니로세	當生生不生

제20조 사야다 존자

성품에는 본래에 남 없건만	性上本無生
구하는 사람 대해 설할 뿐	爲對求人說
법에는 얻은 바 없거늘	於法旣無得
어찌 깨닫고, 깨닫지 못함을 둘 것인가	何懷決不決

제21조　바수반두 존자

말 떨어지자마자 무생에 계합하면　言下合無生
저 법계와 성품이 함께 하리니　同於法界性
만일 능히 이와 같이 깨친다면　若能如是解
궁극의 이변 사변 통달하리　通達事理竟

제22조　마노라 존자

물거품과 환 같아 걸릴 것도 없거늘　泡幻同無礙
어찌하여 깨달아 마치지 못했다 하는가　如何不了悟
그 가운데 있는 법을 통달하면　達法在其中
지금도 아니요, 옛 또한 아니니라　非今亦非古

제23조　학륵나 존자

마음이 만 경계를 따라서 구르나　心隨萬境轉
구르는 곳마다 실로 능히 그윽함에　轉處實能幽
성품을 깨달아서 흐름을 따르면　隨流認得性
기쁠 것도 없으며 근심할 것도 없네　無喜亦無憂

제24조　사자보리 존자

마음의 성품을 깨달음에　認得心性時
사의할 수 없다고 말하나니　可說不思議
깨달아 마쳐서는 얻음 없어　了了無可得
깨달아선 깨달았다 할 것 없네　得時不說知

제25조　바사사다 존자

깨달음의 지혜를 바르게 설할 때에　正說知見時
깨달음의 지혜란 이 마음에 갖춘 바라　知見俱是心
지금의 마음이 곧 깨달음의 지혜요　當心卽知見
깨달음의 지혜가 곧 지금의 함일세　知見卽于今

제26조 불여밀다 존자

성인이 말하는 지견은	聖人說知見
경계를 맞아서 시비 없네	當境無是非
나 이제 참성품 깨달음에	我今悟眞性
도랄 것도, 이치랄 것도 없네	無道亦無理

제27조 반야다라 존자

맘 바탕에 참성품 갖췄으나	眞性心地藏
머리도, 꼬리도 없으니	無頭亦無尾
인연 응해 만물을 교화함을	應緣而化物
지혜라고 하는 것도 방편일세	方便呼爲智

제28조 보리달마 존자

마음에서 모든 종자 냄이여	心地生諸種
일(事)로 인해 다시 이치 나느니라	因事復生理
두렷이 보리과가 원만하니	果滿菩提圓
세계를 일으키는 꽃 피우리	華開世界起

제29조 신광 혜가 대사

내가 본래 이 땅에 온 것은	吾本來此土
법을 전해 중생을 구함일세	傳法救迷情
한 송이에 다섯 꽃잎 피리니	一花開五葉
열매 맺음 자연히 이뤄지리	結果自然成

제30조 감지 승찬 대사

본래의 바탕에 연 있으면	本來緣有地
바탕의 인에서 종자 나서 꽃핀다 하나	因地種華生
본래엔 종자가 있은 적도 없어서	本來無有種
꽃핀 적도 없으며 난 적도 없다네	華亦不曾生

제31조 대의 도신 대사

꽃과 종자 바탕으로 인하니 華種雖因地
바탕을 좇아서 종자와 꽃을 내나 從地種華生
만약에 사람이 종자 내림 없으면 若無人下種
남 없어 바탕에 꽃핀 적도 없다 하리 華地盡無生

제32조 대만 홍인 대사

꽃과 종자 성품에서 남이라 華種有生性
바탕으로 인해서 나고 꽃피우니 因地華生生
큰 연과 성품이 일치하면 大緣與性合
그 남은 나도 남 아니로세 當生生不生

제33조 대감 혜능 대사

정 있어 종자를 내림에 有情來下種
바탕 인해 결과 내어 영위하나 因地果還生
정이랄 것도 없고 종자랄 것도 없어서 無情既無種
만물의 근원인 도의 성품엔 또한 남도 없네 無性亦無生

제34조 남악 회양 전법선사

마음의 바탕에 모든 종자 머금어져 心地含諸種
널리 비 내림에 모두 다 싹트도다 普雨悉皆生
단박에 깨달아 정을 다한 꽃피움에 頓悟華情已
보리의 과위가 스스로 이뤄졌네 菩提果自成

제35조 마조 도일 전법선사

마음의 바탕에 모든 종자 머금어져 心地含諸種
비와 이슬 만남에 모두 다 싹이 트나 遇澤悉皆萌
삼매의 꽃핌이라 형상이 없거늘 三昧華無相
무엇이 무너지고 무엇이 이뤄지랴 何壞復何成

제36조 백장 회해 전법선사

마음 외에 본래에 다른 법이 없거늘	心外本無法
부촉함이 있다 하면 마음법이 아닐세	有付非心法
원래에 마음법 없음을 깨달은	旣知非法心
이러-한 마음법을 그대에게 부촉하네	如是付心法

제37조 황벽 희운 전법선사

본래에 말로는 부촉할 수 없는 것을	本無言語囑
억지로 마음의 법이라 전함이니	强以心法傳
그대가 원래에 받아 지닌 그 법을	汝旣受持法
마음의 법이라고 다시 어찌 말하랴	心法更何言

제38조 임제 의현 전법선사

마음의 법 있으면 병이 있고	病時心法在
마음의 법 없으면 병도 없네	不病心法無
내 부촉한 마음의 법에는	吾所付心法
마음의 법 있는 것 아니로세	不在心法途

제39조 흥화 존장 전법선사

지극한 도는 간택함이 없으니	至道無揀擇
본래의 마음이라 향하고 등짐이 없느니라	本心無向背
이 같음을 감당해 이으려는가?	便如此承當
봄바람에 곤한 잠을 더하누나	春風增瞌睡

제40조 남원 혜옹 전법선사

대도는 온통 맘에 있다지만	大道全在心
맘에 구함 있으면 그르치네	亦非在心求
그대에게 부촉한 자심의 도에는	付汝自心道
기쁨도 근심도 없느니라	無喜亦無憂

제41조　풍혈 연소 전법선사

나 이제 법 없음을 말하노니	我今無法說
말한 바가 모두 다 법 아니라	所說皆非法
법 없는 법 지금에 부촉하니	今付無法法
이 법에도 머무르지 말아라	不可住于法

제42조　수산 성념 전법선사

말한 적도 없어야 참법이니	無說是眞法
이 말함은 원래에 말함 없네	其說元無說
나 이제 말한 적도 없을 때	我今無說時
말함이라 말한들 말함이랴	說說何曾說

제43조　분양 선소 전법선사

예로부터 말함 없음 부촉했고	自古付無說
지금의 나 또한 말함 없네	我今亦無說
다만 이 말함 없는 마음을	只此無說心
모든 부처 다 같이 말한 바네	諸佛所共說

제44조　자명 초원 전법선사

허공이 형상이 없다 하나	虛空無形像
형상도, 허공도 아닐세	形像非虛空
내 부촉한 마음의 법이란	我所付心法
공도 공한 공이어서 공 아닐세	空空空不空

제45조　양기 방회 전법선사

허공이 면목이 없듯이	虛空無面目
마음의 상 또한 이와 같네	心相亦如然
곧 이렇게 비고 빈 마음을	卽此虛空心
높은 중에 높다고 하는 걸세	可稱天中天

제46조 백운 수단 전법선사

마음의 본체가 허공같아	心體如虛空
법 또한 허공처럼 두루하네	法亦遍虛空
허공 같은 이치를 증득하면	證得虛空理
법도 아니요, 공한 맘도 아니로세	非法非心空

제47조 오조 법연 전법선사

도에는 나라는 나 원래 없고	道我元無我
도에는 맘이란 맘 원래 없네	道心元無心
오직 이 나라 함도 없는 법으로	唯此無我法
나라 함 없는 맘에 일체하네	相契無我心

제48조 원오 극근 전법선사

참나에는 본래에 맘이랄 것 없으며	眞我本無心
참마음엔 역시나 나랄 것 없으나	眞心亦無我
이러-히 참답게 참마음에 일체되면	契此眞眞心
나를 나라 한들 어찌 거듭된 나겠는가	我我何曾我

제49조 호구 소륭 전법선사

도 얻으면 자재한 마음이고	得道心自在
도 얻지 못하면 근심이라 하나	不得道憂惱
본래의 마음의 도 부촉함에	付汝自心道
기쁨도, 근심도 없느니라	無喜亦無惱

제50조 응암 담화 전법선사

맑던 하늘 구름 덮인 하늘 되고	天晴雲在天
비 오더니 젖어있는 땅일세	雨落濕在地
비밀히 마음을 부촉함이여	秘密付與心
마음법이란 다만 이것일세	心法只這是

제51조 밀암 함걸 전법선사

부처님은 눈으로써 별을 보고 佛用眼觀星
난 귀로써 소리를 들었도다 我用耳聽聲
나의 함이 부처님의 함과 같아 我用與佛用
내 밝음이 그대의 밝음일세 我明汝亦明

제52조 파암 조선 전법선사

부처와 더불어 중생의 보는 것이 佛與衆生見
원래 근본 부처인데 금 그은들 바뀌랴 元本佛隔線
그대에게 부촉한 본연의 마음법에는 付汝自心法
깨닫고 깨닫지 못함도 없느니라 非見非不見

제53조 무준 사범 전법선사

내가 만약 봄이 없다 할 때에 我若不見時
그대 응당 봄이 없이 보아라 汝應不見見
봄에 봄 없어야 본연의 봄이니 見見非自見
본연의 마음이 언제나 드러났네 自心常顯現

제54조 설암 혜랑 전법선사

진리는 곧기가 거문고줄 같다는데 眞理直如絃
어떻게 침묵이나 말로 다시 할 것인가 何默更何言
나 이제 그대에게 공교롭게 부촉하니 我今善付囑
밝힌 마음 본래에 얻음이 없는 걸세 表心本無得

제55조 급암 종신 전법선사

사람에겐 미혹하고 깨달음이 본래 없는데 本無迷悟人
미했느니 깨쳤느니 제 스스로 분별하네 迷悟自家計
젊어서 깨달았다 말이나 한다면 記得少壯時
늙어서까지라도 깨닫지 못할 걸세 而今不覺老

제56조 석옥 청공 전법선사

이 마음이 지극히 광대하여 此心極廣大
허공에 비할 수도 없다네 虛空比不得
이 도는 다만 오직 이러-하니 此道只如是
밖으로 찾음 쉬어 받아 지녔네 受持休外覓

제57조 태고 보우 전법선사

지극히 큰 이것인 이 마음과 至大是此心
지극히 성스러운 이것인 이 법이라 至聖是此法
등불과 등불의 광명처럼 나뉨 없음 燈燈光不差
이 마음 스스로가 통달해 마침일세 了此心自達

제58조 환암 혼수 전법선사

마음 중의 본연의 마음과 心中有自心
법 중의 지극한 법을 法中有至法
내가 지금 부촉한다 하나 我今可付囑
마음법엔 마음법이라 함도 없네 心法無心法

제59조 구곡 각운 전법선사

온통인 도, 마음의 광명이라 할 것도 없으나 一道不心光
과거, 현재, 미래와 시방을 밝힘일세 三際十方明
어떻게 지극히 분명한 이 가운데 何於明白中
밝음과 밝지 않음 있다고 하리오 有明有不明

제60조 벽계 정심 전법선사

나 지금 법 없음을 부촉하고 我無法可付
그대는 무심으로 받는다 하나 汝無心可受
전함 없고 받음 없는 맘이라면 無付無受心
누구라도 성취하지 못했다 하랴 何人不成就

제61조　벽송 지엄 전법선사

마음이 곧 깨달음의 마음이요　心卽能知心
법이 곧 깨달음의 법이라　法卽可知法
마음법을 마음법이라 전한다면　法心付法心
마음도, 법도 아닐세　非心亦非法

제62조　부용 영관 전법선사

조사와 조사가 법 없음을 부촉한다 하나　祖祖無法付
사람과 사람마다 본래 스스로 지님일세　人人本自有
그대는 부촉함도 없는 법을 받아서　汝受無付法
긴요히 뒷날에 전하도록 하여라　急着傳於後

제63조　청허 휴정 전법선사

참성품은 본래에 성품이라 할 것 없고　眞性本無性
참법은 본래에 법이라 할 것 없네　眞法本無法
법이니 성품이니 할 것 없음 깨달으면　了知無法性
어떠한 곳엔들 통달하지 못하랴　何處不通達

제64조　편양 언기 전법선사

법도 아니고 법 아님도 아니고　非法非非法
성품도 아니고 성품 아님도 아니며　非性非非性
마음도 아니고 마음 아님도 아님이　非心非非心
그대에게 부촉하는 궁극의 마음법일세　付汝心法竟

제65조　풍담 의심 전법선사

부처님이 전하신 꽃 드신 종지와　師傳拈花宗
내가 미소지어 보인 도리를　示我微笑法
친히 손수 그대에게 분부하니　親手分付汝
받들어 지녀 누리에 두루하게 하라　持奉遍塵刹

第66조　월담 설제 전법선사

깨달아선 깨달은 바 없으며	得本無所得
전해서는 전함 또한 없느니라	傳亦無可傳
전함도 없는 법을 부촉함이여	今付無傳法
동서가 온통한 하늘일세	東西共一天

第67조　환성 지안 전법선사

전하거나 받을 법이 없어서	無傳無受法
전하거나 받는다는 맘도 없네	無傳無受心
부촉하나 받은 바 없는 이여	付與無受者
허공의 힘줄마저 뽑아서 끊었도다	掣斷虛空筋

第68조　호암 체정 전법선사

연류에 따른 일단사여	沿流一段事
머리도 꼬리도 필경 없네	竟無頭與尾
사자새끼인 그대에게 부촉하니	付與獅子兒
사자후 천지에 가득케 하라	哨吼滿天地

第69조　청봉 거안 전법선사

서 가리켜 동에 그림이여	指西喚作東
풍악산의 뭇 봉우리로다	楓嶽山衆峰
불조의 이러한 법을	佛祖之此法
너에게 분부하노라	分付今日汝

第70조　율봉 청고 전법선사

머리도 꼬리도 없는 도리	無頭尾道理
오늘 그대에게 전해주니	今日傳授汝
이후로 보림을 잘 하여서	此後善保任
영원히 끊어짐이 없게 하라	永遠無斷絶

제71조　금허 법첨 전법선사

그믐날 근원에 돌아간다 말했으나	晦日豫言爲還元
법신에 그 어찌 가고 옴이 있으랴	法身何有去與來
푸른 하늘 해 있고, 못 가운데 연꽃일세	日在青天池中蓮
이 법을 분부하니 끊어짐이 없게 하라	此法分付無斷絶

제72조　용암 혜언 전법선사

'연꽃이 나왔다' 하여 보인 큰 도리를	示出蓮之大道理
다시 또 뜰 밑 나무 가리켜 보여서	復亦指示庭下樹
후일의 크고 큰일 그대에게 부촉하니	後日大事與咐囑
잘 지녀 보림하여 끊어짐 없게 하라	保任善持無斷絶

제73조　영월 봉율 전법선사

사느니 죽느니 이 무슨 말들인고	生也死也是何言
물밭엔 연꽃이고 하늘엔 해일세	水田蓮花在天日
가없이 이러-해서 감출 수 없이 드러남	無邊無藏露如是
오늘 네게 분부하니 끊어짐 없게 하라	今日分付無斷絶

제74조　만화 보선 전법선사

봄산과 뜬구름을 동시에 보아라	春山浮雲觀同時
중생들의 이익될 바 그 가운데 있느니라	普益衆生在其中
이 가운데 도리를 이제 네게 부촉하니	此中道理今付汝
계승해 끊임없이 번성케 할지어다	繼承無斷爲繁盛

제75조　경허 성우 전법선사

하늘의 뜬구름이 누설한 그 도리를	浮雲漏泄其道理
오늘날 선자에게 부촉하여 주노니	今日咐囑與禪子
철저하게 보림하여 모범을 보임으로	保任徹底示模範
후세에 끊어짐이 없게 할 맘, 지니게나	後世無斷爲持心

第76조　만공 월면 전법선사

구름과 달, 산과 계곡이라, 곳곳에서 같음이여	雲月溪山處處同
선가의 나의 제자 수산의 큰 가풍일세	叟山禪子大家風
은근히 무문인을 그대에게 분부하니	慇懃分付無文印
이 기틀의 방편이 활안 중에 있노라	一段機權活眼中

第77조　전강 영신 전법선사

불조도 전한 바 없어서	佛祖未曾傳
나 또한 얻은 바 없음을…	我亦無所得
가을빛 저물어 가는 날에	此日秋色暮
뒷산의 원숭이가 울고 있네	猿嘯在後峰

第78대　농선 대원 전법선사

부처와 조사도 일찍이 전한 것이 아니거늘	佛祖未曾傳
나 또한 어찌 받았다 하며 준다 할 것인가	我亦何受授
이 법이 2천년대에 이르러서	此法二千年
널리 천하 사람을 제도하리라	廣度天下人

부처님으로부터 직계로 내려온 불조정맥 제78대 농선 대원 선사님

농선 대원 전법선사의 3대 서원

오로지 정법만을 깨닫기 서원합니다.

입을 열면 정법만을 설하기 서원합니다.

중생이 다하는 그날까지 교화하기 서원합니다.

성불사 국제정맥선원 대웅전

성불사 국제정맥선원은

농선 대원 선사님께서 주석하시는 곳으로

대원 선사님의 지도하에 비구스님들이

직접 지은 도량이다.

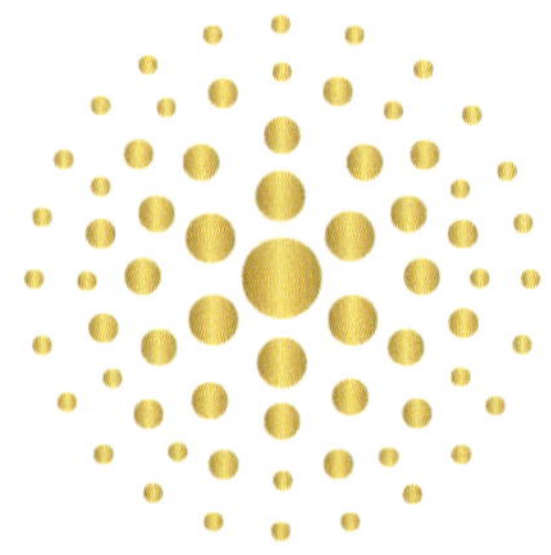

불교 8대 선언문

불교는 자신에게서 영생을 발견하게 한 유일한 종교이다.
불교는 자신에게서 모든 지혜를 발견하게 한 유일한 종교이다.
불교는 자신에게서 모든 능력을 발견하게 한 유일한 종교이다.
불교는 자신에게서 모든 것을 이루게 한 유일한 종교이다.
불교는 자신에게서 극락을 발견하게 한 유일한 종교이다.
불교는 깨달으면 차별 없어 평등하다는 유일한 종교이다.
불교는 모든 억압 없이 자신감을 갖게 한 유일한 종교이다.
불교는 그러므로 온 누리에 영원할 만인의 종교이다.

농선 대원 전법선사 주창

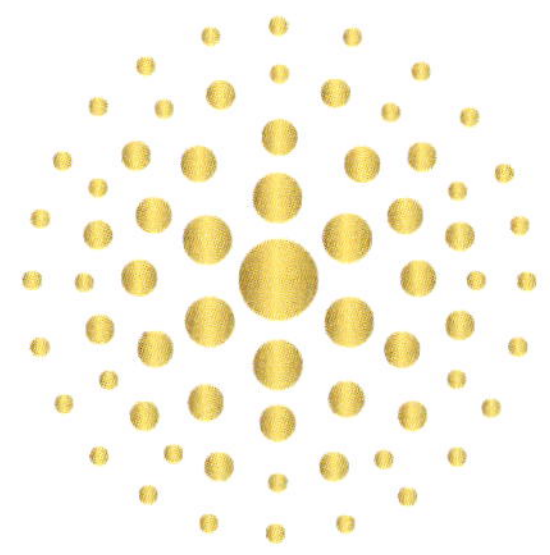

전세계의 불교계에서 통일시켜야 할 일

경전의 말씀대로 32상과 80종호를 갖춘 불상으로 통일해야 한다.

예불 드리는 법을 통일해야 한다.

불공의식을 통일해야 한다.

농선 대원 전법선사 주창

농선 대원 선사의 전등록 발간의 의의

선문(禪文)이란 말 밖의 말로 마음을 바로 가리켜 깨닫게 하여 그 깨달은 마음 바탕에서 닦아 불지(佛地)에 이르게 하는 문(門)이다. 그러기에 지식이나 알음알이로는 헤아려 알 수 없는 것이어서 깨달아 증득하여 일체종지(一切種智)를 이룬 이가 아니고는 그 요지를 바로 보아 이끌어 줄 수 없다.

지금 불교의 현실이 대본산 강원조차 이런 안목으로 이끌어 주는 선지식이 없어서 선종(禪宗) 최고의 공안집인 '전등록', '선문염송' 강의가 모두 폐강된 상황이다.

이에 대원 선사님께서는 불조(佛祖)의 요지가 말이나 글에 떨어져 생사해탈의 길이 단절되는 것을 염려하여 깨달음의 법을 선리(禪理)에 맞게 바로 잡는 역경 작업에 혼신을 다하고 계신다.

대원 선사님께서는 19세에 선운사 도솔암에서 활연대오한 후, 대선지식과의 법거량에서 한 치의 주저함도 없이 명쾌하게 응대하시니 당시 12대 선지식들께서 탄복해 마지않으셨다. 경봉 선사님과 조계종 지혜제일 전강 선사님과의 문답만을 보더라도 취모검과 같은 대원 선사님의 선지를 엿볼 수 있다.

맨 처음 통도사 경봉 선사님을 찾아뵈었을 때, 마침 늦가을 감나무에서 감을 따고 계신 경봉 선사님을 보자 감나무 주위를 한 번 돌고서 있으니, 경봉 선사님께서 물으셨다.

"어디서 왔는가?"

"호남에서 왔습니다."

"무엇을 공부했는가?"

"선을 공부했습니다."

"무엇이 선이냐?"

"감이 붉습니다."

"네가 불법을 아는가?"

"알면 불법이 아닙니다."

위의 문답이 있은 후 경봉 선사님께서는 해제 법문을 대원 선사님께 맡기셨으나 대원 선사님께서는 아직 그럴 때가 아니라 여겨져 그 이튿날인 해제일 새벽 직전에 통도사를 떠나와 버리셨다.

또 광주 동광사에서 처음 전강 선사님을 뵈었을 때, 20대 초면의 젊은 승려인 대원 선사님께 전강 선사님께서 대뜸 '달마불식 도리'를 일러보라 하셨다. 대원 선사님께서 아무 말없이 다가가 전강 선사님의 목에 있는 점 위의 털을 뽑아 버리고 종무소로 가니, 전강 선사님께서 "여기 사람 죽이는 놈이 있다."하며 종무소까지 따라오다 방장실로 돌아가셨다.

그 이후 대원 선사님께서 군산 은적사에서 전강 선사님을 시봉하며 모시고 계실 때, 전강 선사님께서 또 물으셨다.

“공적의 영지를 일러라.”

“이러-히 스님과 대담합니다.”

“영지의 공적을 일러라.”

“스님과 대담에 이러-합니다.”

“이러-한 경지를 일러라.”

“명왕은 어상을 내리지 않고 천하일에 밝습니다.”

대원 선사님의 답에 전강 선사님께서는 희색이 만면해서 고개를 끄덕이며 당신 처소로 돌아가셨다.

이에 그치지 않고 전강 선사님께서 대구 동화사 조실로 계실 때, 대원 선사님께 말씀하셨다.

“대중들이 자네를 산으로 불러내어 그 중에 법성(조계종 종정 진제스님)이 달마불식 도리를 일러보라 했을 때 ‘드러났다’라고 답했다는데, 만약에 자네가 양무제였다면 ‘모르오’라고 이르고 있는 달마 대사에게 어떻게 했겠는가?”

“제가 양무제였다면 ‘성인이라 함도 설 수 없으나 이러-히 짐의 덕화와 함께 어우러짐이 더욱 좋지 않겠습니까?’하며 달마 대사의 손을 잡아 일으켰을 것입니다.”

그러자 전강 선사님께서 탄복하며 말씀하셨다.

“어느새 그 경지에 이르렀는가?”

“이르렀다곤들 어찌하며 갖추었다곤들 어찌하며 본래라곤들 어찌하리까? 오직 이러-할 뿐인데 말입니다.”

대원 선사님의 대답에 전강 선사님께서 크게 기뻐하셨다.

이와 같이 대원 선사님께서는 20대 초반에 이미 어떤 선지식의 물음에도 전광석화와 같이 답하셨으며 그 법을 씀이 새의 길처럼 흔적없는 가운데 자유자재하셨다.

깨달음의 방편에 있어서는 육조 대사께서 마주 앉은 자리에서 사람들을 깨닫게 하셨듯이, 제자들을 제접해 직지인심(直指人心)으로 스스로의 마음에 사무쳐 들게 하여 근기에 따라 보림해 갈 수 있도록 이끌어주시니, 꺼져가는 정법의 기치를 바로 일으켜 세움이라 하겠다.

또한 선지식이라면 이변(理邊)에서 뿐만이 아니라 사변(事邊)에서도 먼 안목으로 인류가 무엇을 어떻게 대비하며 살아가야 할지를 예언하고 이끌어 주어야 한다고 하셨다.

그래서 1962년부터 주창하시기를, 전 세계가 21세기를 ′사막 경영의 시대′로 삼아 사막화된 지역에 ‘사막 해수로 사업’을 하여 원하는 지역의 기후를 조절해야 하고, 자원을 소모하는 발전소 대신 파도, 태양열, 풍력 등의 대체 에너지와 무한 원동기를 개발해야 한다고 하셨다. 또, 도로를 발전소화하여 전기를 생산하는 방법 등을 구체적으로 제안하시고, 천재지변을 대비하여 각자의 집에서 농사를 짓는 ‘울안의 농법’을 연구하시는 등 만인이 더 나은 삶을 살 수 있는 길을 끊임없이 일러 주고 계신다.

이와 같이 대원 선사님께서는 일체종지를 이룬 지혜로, '참나를 깨달아 마음이 내가 된 삶'을 위한 깨달음의 법으로부터 닥쳐오는 재난을 막고 지구를 가장 살기 좋은 세상으로 만드는 방편까지 늘 그 방향을 제시하고 계신다.

한편, 불교의 최고 경전인 '화엄경 81권'을 완간하여 불보살님의 불가사의한 화엄세계를 열어 보이셨으며, 선문 최대의 공안집인 '선문염송 30권' 1,463칙에 대하여 석가모니 부처님 이래 최초로 전 공안을 맑은 물 밑바닥 보듯이 회통쳐 출간하셨다.

이제 대원 선사님께서는 7불과 역대 조사들의 깨달음의 진수가 담긴 '전등록 30권'을 그런 혜안(慧眼)으로 조사마다 선리의 토끼뿔을 더해 닦아 증득할 수 있도록 밝혀 보이셨다. 그리하여 생사윤회길을 헤매는 중생들에게 해탈의 등불이 되고자 하셨으며, 불조(佛祖)의 정법이 후세에까지 끊어지지 않게 하여 부처님 은혜에 보답하고자 하셨다.

부처님 가신 지 오래 되어 정법은 약하고 삿된 법이 만연한 지금, 중생이 다하는 날까지 중생을 구제하기 서원하는 대원 선사님과 같은 명안종사(明眼宗師)가 계심은 불보살님의 자비광명이 이 땅에 두루한 은덕이라 하겠다.

바로보인 불법 ㊸

전傳 등燈 록錄

8

도서출판 문젠(구, 바로보인)은 정맥선원에서 운영하고 있습니다.

* 인제산(人濟山) 성불사(成佛寺) 국제정맥선원
경기도 포천시 내촌면 소리개길 86-178 ☎ 031-531-8805
* 인제산(人濟山) 이룬절 포천정맥선원
경기도 포천시 내촌면 소리개길 86-123 ☎ 031-531-2433
* 백양산(白楊山) 자모사(慈母寺) 부산정맥선원
부산시 동래구 아시아드대로 114번길 10 대륙코리아나 2층 212호 ☎ 051-503-6460
* 자모산(慈母山) 육조사(六祖寺) 청도정맥선원
경북 청도군 매전면 동산리 산 50 ☎ 010-4543-2460
* 광암산(光巖山) 성도사(成道寺) 광주정맥선원
광주광역시 광산구 삼도광암길 34 ☎ 062-944-4088
* 대통산(大通山) 대통사(大通寺) 해남정맥선원
전남 해남군 화산면 송계길 132-98 중정마을 ☎ 061-536-6366

바로보인 불법 ㊸

전 등 록 8

초판 1쇄 펴낸날 단기 4354년, 불기 3048년, 서기 2021년 9월 30일

역 저 농선 대원 선사
펴 낸 곳 도서출판 문젠(Moonzen Press)
11192, 경기도 포천시 내촌면 소리개길 86-178
전화 031-534-3373 팩스 031-533-3387
신고번호 2010.11.24. 제2010-000004호

편집윤문출판 법심 최주희, 법운 정숙경
인디자인 전자출판 지일 박한재
표 지 글 씨 춘성 박선옥
인 쇄 북크림

도서출판문젠 www.moonzenpress.com
정 맥 선 원 www.zenparadise.com
사막화방지국제연대(IUPD) www.iupd.org

값 15,000원
ISBN 978-89-6870-608-0
ISBN 978-89-6870-600-4 04220(전30권)

서 문

전등록은 말 없는 말이며 말 밖의 말이라서 학식이나 재치만으로는 번역이 실로 불가능한 일이다. 그러기에 육조단경(六祖壇經)을 보면 법화경을 삼천 번이나 독송한 법달(法達)은 글 한 자 모르시는 육조(六祖)께 경의 뜻을 물었고, 글을 모르시는 육조께서는 법화경의 바른 뜻을 설파하셔서 법달을 깨닫게 하신 것이다.

그런데 하루는 본인에게 법을 물으러 다니시던 부산의 목원 하상욱 본연님이 오셔서 시중에 나온 전등록 번역본 두세 가지를 보이시며 범인인 당신에게도 부처님과 조사님들의 본래 뜻에 맞지 않는 대문이 군데군데 눈에 뜨인다며 바른 의역의 필요성을 절감한다고 하셨다. 그 후로 전등록 번역을 바로 해주십사 하는 간청이 지극하여 비록 단문하나 이 일을 시작하게 되었다.

부처님과 조사님들의 근본 뜻에 어긋남이 없게 하기 위해 노력하였으나 약속한 기간 내에 해내기란 실로 벅찬 일이어서 혹시 미비한 점이 없지 않으리니 강호 제현의 좋은 지적이 있기를 바란다.

불법(佛法)이란 본자연(本自然)이라 누가 설(說)하고 누가 듣고 배울 자리요만 그렇지 못한 이가 또한 있어서 부처님과 조사님들의 허물이 생기는 것이다.

어떤 것이 부처인고?
화분의 빨간 장미니라.

이 가운데 남전(南泉) 뜰꽃 도리(道理)며 한산(寒山) 습득(拾得)의 웃음을 누릴진저.

단기(檀紀) 4354년
불기(佛紀) 3048년
서기(西紀) 2021년

무등산인 농선 대원 분향근서
(無等山人 弄禪 大圓 焚香謹書)

양억(楊億)의 경덕전등록 서문

석가모니께서 일찍이 연등 부처님의 수기를 받아, 현겁(賢劫)의 보처(補處)가 되어 이 땅에 탄강하시고 법을 펴서 교화하시기가 49년이었으니 방편과 진리, 돈오(頓悟)와 점수(漸修)의 문호를 여시고, 헤아릴 수 없이 많은 다양한 교법을 내려 주셨다.

근기(根機)에 따라 진리를 깨닫게 하신 데서 삼승(三乘)의 차별이 생겼으니, 사물에 접하는 대로 중생을 이롭게 하여 한량없는 중생을 제도하셨다. 그 자비는 넓고 컸으며 그 법식(法式)은 두루 갖추어져 있었다.

쌍림(雙林)에서 열반에 드실 때 가섭(迦葉)에게만 유촉하신 것이 차츰차츰 전하여 달마에 이르러서 비로소 문자를 세우시 않고 마음의 근원을 곧바로 보이게 되었으니, 차례를 밟지 않고 당장에 부처의 경지에 오르게 되어 다섯 잎[1]이 비로소 무성하고 천 개의 등불[2]이 더욱 찬란하여서, 보배 있는 곳에 이른 이는 더욱 많고, 법의 바퀴를 굴린 이도 하나가 아니었다.

부처님께서 부촉하신 종지와 정법안장(正法眼藏)이 유통되는 도리는 교리 밖에서 따로 행해지는 불가사의(不可思議)한 것이다.

태조(太祖)께서 거룩하신 무력으로 전란을 진압하신 뒤에 사찰을 숭상하여 제도의 문을 활짝 여셨고, 태종(太宗)께서 밝으신 변재로 비밀한 법을 찬술하시어 참된 이치를 높이셨으며, 황상(皇上)[3]께서 높으신 학덕으로 조사의 뜻을 이어 거룩한 가르침에 머릿말을 쓰셔 종풍(宗風)을 잇게 하시니, 구름 같은 문장이 진리의 하늘에 빛나고, 부처의 황금 같은 설법

---

1) 다섯 잎 : 중국 선종의 2조 혜가로부터 6조 혜능에 이르는 다섯 조사를 말한다.
2) 천 개의 등불 : 중국에 선법(禪法)이 전해진 이후 등장한 수많은 견성도인들을 말한다.
3) 황상(皇上) : 송의 진종(眞宗)을 말한다.

이 깨달음의 동산에 펼쳐졌다.

대장경의 말씀에 비밀히 계합하고, 인도로부터의 법맥이 번창하니, 뭇 선행을 늘리는 이가 더욱 많아졌고, 요의(了義)[4]를 전하는 사람들이 간간이 나타나서 원돈(圓頓)의 교화가 이 지역에 퍼졌다.

이에 동오(東吳)의 승려인 도원(道原)이 선열(禪悅)의 경지에 마음을 모으고, 불법의 진리를 샅샅이 찾으며, 여러 세대의 조사 법맥을 찾고, 제방의 어록(語錄)을 모아 그 근원과 법맥에 차례를 달고, 말씀들을 차례차례 엮되, 과거 7불로부터 대법안(大法眼)의 문도에 이르기까지 무릇 52세대, 1,701인을 수록하여 30권으로 만들어 경덕전등록이라 하여 대궐로 가지고 와서 유포해 주기를 청하였다.

황상께서는 불법을 밖으로부터 보호하고자 하시고, 승려들의 부지런함을 가상히 여겨 마음가짐을 신중히 하고 생각을 원대히 하여 좌사간(左司諫) 지제고(知制誥) 양억(楊億)과 병부원외랑(兵部員外郎) 지제고(知制誥) 이유(李維)와 태상승(太常丞) 왕서(王曙) 등을 불러 교정케 하시니, 신(臣) 등은 우매하여 삼학(三學)[5]의 근본 뜻을 모르고 5성(五性)[6]의 방편에 어두우며, 훌륭한 번역 솜씨도 없고, 비야리 성에서 보인 유마 거사의 묵연(默然) 도리[7]에도 둔하건만 공손히 지엄하신 하명(下命)을 받들어 감히 끝내 사양하지 못하였다.

그 저술된 내용을 두루 살펴보면 대체로 진공(眞空)[8]으로써 근본을 삼고 있고, 옛 성인께서 도에 들던 인연을 서술할 때나 옛 사람이 진리를 깨달은 이야기를 표현할 때엔 근기와 인연의 계합함이 마치 활쏘기와 칼쓰

---

4) 요의(了義) : 일을 다 마친 도리, 깨달아서 깨달음마저 두지 않는 경지를 말한다.

5) 삼학(三學) : 계(戒), 정(定), 혜(慧).

6) 5성(五性) : 법상종의 용어. 일체중생의 근기를 다섯 성품으로 나누어서 성불할 근기와 성불하지 못할 근기로 나누었다.

7) 유마 거사의 묵연 도리 : 유마 거사가 비야리성에서 그를 문병하러 온 문수보살과 법담을 할 때 잠자코 말이 없음으로 불이(不二)의 도리를 드러내 보인 일을 말한다.

8) 진공(眞空) : 색(色)이니 공(空)이니를 초월해서 누리는 경지

기가 알맞는 것 같아 지혜가 갖추어진 데서 광명을 내어, 채찍 그림자만 보고도 달리는 말과 같은 상근기자(上根機者)들에게 널리 도움이 되고 있다.

후학(後學)들을 인도함에는 현묘한 진리를 드날리고 있고, 다른 이야기를 가져올 때에는 출처를 밝히고 있으며, 다듬어지지 않은 부분도 많으나 훌륭한 부분도 찾아볼 수 있었다. 모든 대사들이 대중에게 도리를 보일 때에 한결같은 소리로 펼쳐 보이고 있으니 영특한 이가 귀를 기울여 듣는다면 무수한 성인들이 증명한다 할 것이다. 개괄해서 들추어도 그것이 바탕이어서 한군데만 취해도 그대로가 옳다.

만일 별달리 더 붓을 댄다면 그 돌아갈 뜻을 잃을 것이다. 중국과 인도에서의 말이 이미 다르지 않은데 자칫하면 구슬에다 무늬를 새기려다 보배에 흠집을 낼 우려가 있기에, 이런 종류는 모두 그대로 두었다. 더욱이 일은 실제로 행한 것만을 취해 기록하여 틀림없이 잘 서술했으나 말이란 오래도록 남아 전해지는 까닭에 전혀 문장을 다듬지 않을 수는 없었다.

어떤 사연을 기록할 때엔 그 자취를 자세히 하였고 말이 복잡해지거나 이야기가 저속한 것이 있으면 모두 삭제하되 문맥이 통하게 하였다.

유교(儒教)의 대신이나 거사(居士)의 문답에 이르러 벼슬자리와 성씨가 드러난 이는 연대와 역사에 비추어 잘못을 밝히고, 사적(史籍)에 따라 틀린 점을 바로잡아 믿을 만한 전기가 되게 하였다.

만일 바늘을 던져 맞추듯 한 치의 어긋남 없이 도리를 밝히는 일이 아니거나, 번갯불이 치듯 빠른 기틀을 내보이는 일이 아니거나, 묘하게 밝은 참 마음을 보이는 일이 아니거나, 고(苦)와 공(空)의 깊은 이치를 조사(祖師)의 뜻 그대로 기술(記述)하는 일이 아니라면, 어떻게 등불을 전한다는 전등(傳燈)이라는 비유에 계합(契合)하는 그 극진한 공덕을 베풀 수 있었겠는가?

만일 감응(感應)한 징조만을 서술하거나 참문하고 행각한 자취만을 기록한다 할 것 같으면 이는 이미 승사(僧史)에 밝혀져 있는 것이니, 어째서 선가(禪家)의 말씀을 굳이 취하겠는가? 세대와 계보의 명칭을 남긴 것만이 아니라 스승과 제자가 이어지는 근거를 널리 기록하였다.

그러나 옛날 책에 실린 것을 보면 잘 다듬어지지 않은 내용을 수록하고 잘 다듬어진 것은 버린 일이 있는데, 다른 기록에 남아 있으면 해당하는 문장을 찾아 보완하고, 더욱 널리 찾아서 덧붙이기도 하였다. 또한 서문과 논설에 이르러 혹 옛 조사(祖師)의 문장이 아닌 것이 사이사이 섞이어 공연히 군소리가 되었으면 모두 간추려서 다 깎아버렸으니, 이같이 하여 1년 만에 일이 끝났다.

저희 신(臣)들은 성품과 식견이 우둔하고, 학문이 넓지 못하고, 기틀이 본래 얕고, 문장력은 부족하여 묘한 도리가 사람에게 달렸다고는 하나 마음에서 떠난 지 오래되고 깊은 진리를 나타내는 말이 세속에서 단절되어, 담벽을 마주한 듯 갑갑하게 지낸 적이 많았다. 과분하게도 추천해 주시는 은혜를 받았으나 아무 힘도 발휘하지 못했다. 편찬하는 일이 이미 끝났으므로 이를 임금님께 바친다. 그러나 임금님의 뜻에 맞지 않아, 임금님께서 거룩히 살펴보시는 데에 공연히 누만 끼치는 것이 아닌가 한다. 삼가 바친다.

한림학사조산대부행좌사간지제고동
수국사판사관사주국남양군개국후식읍
1천백호사자금어대신 양억 지음

景德傳燈錄序 昔釋迦文。以受然燈之夙記當賢劫之次補。降神演化四十九年。開權實頓漸之門。垂半滿偏圓之教。隨機悟理。爰有三乘之差。接物利生。乃度無邊之眾。其悲濟廣大矣。其軌式備具矣。而雙林入滅。獨顧於飲光。屈眴相傳。首從於達磨。不立文字直指心源。不踐楷梯徑登佛地。逮五葉而始盛。分千燈而益繁。達寶所者蓋多。轉法輪者非一。蓋大雄付囑之旨。正眼流通之道。教外別行不可思議者也。

聖宋啟運人靈幽贊。太祖以神武戡亂。而崇淨剎。闢度門。太宗以欽明禦辯。而述祕詮。暢真諦。皇上睿文繼志而序聖教繹宗風。煥雲章於義天。振金聲於覺苑。蓮藏之言密契。竺乾之緒克昌。殖眾善者滋多。傳了義者間出。圓頓之化流於區域。有東吳僧道原者。冥心禪悅。索隱空宗。披弈世之祖圖。采諸方之語錄。次序其源派。錯綜其辭句。由七佛以至大法眼之嗣。凡五十二世。一千七百一人。成三十卷。目之曰景德傳燈錄。詣闕奉進冀於流布。

皇上爲佛法之外護。嘉釋子之勤業。載懷重慎。思致悠久。乃詔翰林學士左司諫知制誥臣楊億。兵部員外郎知制誥臣李維。太常丞臣王曙等。同加刊削。俾之裁定。臣等昧三學之旨迷五性之方。乏臨川翻譯之能。懵毘邪語默之要。恭承嚴命。不敢牢讓。竊用探索匪遑寧居。考其論譔之意。蓋以真空爲本。將以述曩聖入道之因。標昔人契理之說。機緣交激。若拄於箭鋒。智藏發光。旁資於鞭影。

誘道後學。敷暢玄猷。而捃摭之來。徵引所出。糟粕多在。油素可尋。其有大士。示徒。以一音而開演。含靈聳聽。乃千聖之證明。屬概舉之是資。取少分而斯可。若乃別加潤色失其指歸。既非華竺之殊言。頗近錯雕之傷寶。如此之類悉仍其舊。況又事資紀實。必由於善敘。言以行遠。非可以無文。其有標錄事緣。縷詳軌跡。或辭條之紛糾。或言筌之猥俗。並從刊削。俾之綸貫。

至有儒臣居士之問答。爵位姓氏之著明。校歲歷以愆殊。約史籍而差謬。鹹用刪去。以資傳信。自非啟投針之玄趣。馳激電之迅機。開示妙明之真心。祖述苦空之深理。即何以契傳燈之喻。施刮膜之功。若乃但述感應之徵符。專敘參遊之轍跡。此已標於僧史。亦奚取於禪詮。聊存世系之名。庶紀師承之自然而舊錄所載。或掇粗而遺精。別集具存。當尋文而補闕。率加采擷。爰從附益。逮於序論之作。或非古德之文。問廁編聯徒增楦釀（楦釀二字出唐張燕公文集。謂冗長也）亦用簡別多所屏去。汔茲周歲方遂終篇。臣等性識媿於冥煩。學問慚於涉獵。天機素淺。文力無餘。妙道在人。雖刳心而斯久。玄言絕俗。固牆面以居多。濫膺推擇之私。靡著發揮之效。已克終於紬繹。將仰奉於清間。莫副宸襟空塵睿覽。謹上。

翰林學士朝散大夫行左司諫知制誥同
修國史判史館事柱國南陽郡開國侯食邑
一千百戶賜紫金魚袋臣楊億 撰

승려 희위(希渭)의 경덕전등록 재발간사

호주로(湖州路) 도량산(道場山) 호성만세선사(護聖萬歲禪寺)의 늙은 중 희위(希渭)는 본관이 경원로(慶元路) 창국주(昌國州)이며 성은 동(董)씨다.

어릴 때부터 고향의 성에 있는 관음선사(觀音禪寺)에 가서 절조(絶照) 화상을 스승으로 삼았고, 법명(法名)을 받게 되어 자계현(慈溪縣) 개수(開壽)의 보광선사(普光禪寺)에 가서 용원(龍源) 화상에 의해 머리를 깎고 승려가 되었다.

그대로 오대율사(五臺律寺)로 가서 설애(雪涯) 화상에게 구족계를 받은 뒤에 짐을 꾸려 서쪽으로 향해 행각을 떠나 수행을 하다가 나중에 다시 은사이신 용원 화상을 만나 이 산으로 옮겨 왔다.

스승을 따라 배움에 참여하고 이로움을 구한 지 벌써 여러 해가 되었다. 항상 스승의 은혜를 생각하면서도 갚을 기회가 없었다. 그런데 삼가 윗대로부터의 부처와 조사들을 수록한 경덕전등록 30권을 보니 7불로부터 법안(法眼)의 법사(法嗣)에 이르기까지 전부 52세대(世代)인데, 경덕(景德)에서 연우(延祐) 병진년에 이르기까지 317년이나 지나서 옛 판본이 다 썩어버려 남아있지 않기 때문에 후학들이 보고 싶어도 볼 수가 없었다. 이에 발심하여 다시 간행한다.

홀연히 내 고향에 있는 천성선사(天聖禪寺)의 송려(松廬) 화상이 소장하고 있던, 여산(廬山)의 은암(隱庵)에서 찍은 옛 책이 가장 보존이 잘된 상태로 입수되었는데, 아주 내 마음에 들었다. 마침내 병진(丙辰)년 정월 10일에 의발 등속을 모두 팔아 1만 2천여 냥을 얻었다. 그날 당장에 공인(工人)에게 간행할 것을 명하여 조사의 도리가 세상에 유포되게 하였다. 이 책은 모두 36만 7천 9백 17자이다. 그해 음력 12월 1일에야 공인의 작업이 끝났다.

당장에 300부를 인쇄하여 전당강(錢塘江) 남북지역과 안중(安衆)지역[9]의 여러 명산(名山)의 방장(方丈)[10]과 몽당(蒙堂)[11]과 여러 요사(寮舍)[12]에 한 부씩을 비치케 하여 온 세상의 도를 분변(分辨)하는 참선납자(參禪衲子)들이 참구하기에 편하도록 하였다. 이를 잘 이용하여 사은(四恩)[13]을 갚고 아울러 삼유(三有)의 중생[14]에게도 도움이 되기 바란다.

대원(大元) 연우(延祐) 3년[15] 음력 12월 1일
늙은 중 희위(希渭)가 삼가 쓰고
젊은 비구 문아(文雅)가 간행을 감독하고
주지 비구 사순(士洵)이 간행하다.

---

9) 두 지역은 희위 스님의 고향인 호주(湖州)와 비교적 인접한 지역들이다.

10) 방장(方丈) : 절의 주지가 거처하는 방. 지금은 견성한 이가 아니더라도 주지를 맡고 있으나 그 당시에는 견성한 도인이라야 그 절의 주지를 맡았다. 따라서 방장에는 대체로 법이 높은 스님이 기거하는 경우가 대부분이었다.

11) 몽당(蒙堂) : 승사(僧寺)의 일에서 물러난 사람이 거처하는 방.

12) 요사(寮舍) : 절에서 대중이 숙식하는 방.

13) 사은(四恩) : 보시(布施), 자애(慈愛), 화도(化導), 공환(共歡)의 네가지 시은(施恩), 또는 부모(父母), 중생(衆生), 국왕(國王), 삼보(三寶)의 네가지 지은(知恩).

14) 삼유(三有)의 중생 : 욕계(慾界), 색계(色界), 무색계(無色界)의 삼계(三界)를 유전하는 미혹한 중생.

15) 서기 1316년.

차 례

일러두기

1. 대만에서 펴낸 『경덕전등록(景德傳燈錄)』(宋釋道原 編, 新文豐出版公司, 民國 75년, 1986년)에 의거해서 번역했으며 누락된 부분 없이 완역하였다.
2. 농선 대원 선사가 각 선사장마다 선리의 토끼뿔을 더하여 닦아 증득하는 데 도움이 되도록 하였다.
3. 뜻이 통하지 않는데도 오자가 아닐 때는 옛 한문 사전에서 그 조사 당시에 그 글자가 어떻게 쓰였는가를 찾아 번역하였다. 예를 들어 '還'자가 돌아올 '환'으로가 아니라 영위할 '영'으로 쓰여 뜻이 통한 경우에는 '영위하다' '누리다'로 의역하였다.
4. 선사들의 생몰연대는 여러 기록된 내용이 일치하지 않거나 미상으로 되어 있는 바가 많아, 각 선사 당시의 나라와 왕의 연대, 불교의 상황 등을 역사학자들이 전문적으로 연구하여 밝혀야 할 부분이 있기에, 이 책에서는 여러 자료와 연구 결과가 일치된 내용만을 주에서 표기하였다.
5. 첨가한 주의 내용은 불교에 대한 지식이 없는 이들도 선문답을 참구해 가는데 도움이 되도록 간략하게 달았으며, 주의 내용에 따라서는 사전적인 뜻보다는 선리(禪理)로서 그 뜻을 밝혀 마음에 비추어 참구할 수 있도록 하였다.

8권 법계보

남악(南嶽) 회양(懷讓) 선사의 제2세 중 56인(마조의 법손)

- 분주(汾州) 무업(無業) 선사
- 예주(澧州) 대동(大同) 광징(廣澄) 선사
- 지주(池州) 남전(南泉) 보원(普願) 선사
- 오대산(五臺山) 은봉(隱峰) 선사
- 온주(溫州) 불오(佛嶼) 화상
- 오구(烏臼) 화상
- 담주(潭州) 석상(石霜) 대선(大善) 화상
- 석구(石臼) 화상
- 본계(本谿) 화상
- 석림(石林) 화상
- 홍주(洪州) 서산(西山) 양좌주(亮座主)
- 흑안(黑眼) 화상
- 미령(米嶺) 화상
- 제봉(齊峯) 화상
- 대양(大陽) 화상
- 홍나산(紅螺山) 화상
- 천주(泉州) 구양(龜洋) 무료(無了) 선사
- 이산(利山) 화상
- 소주(韶州) 유원(乳源) 화상

8권 법계보

- 송산(松山) 화상
- 칙천(則川) 화상
- 남악(南嶽) 서원(西園) 담장(曇藏) 선사
- 백령(百靈) 화상
- 진주(鎭州) 금우(金牛) 화상
- 동안(洞安) 화상
- 흔주(忻州) 타지(打地) 화상
- 담주(潭州) 수계(秀谿) 화상
- 자주(磁州) 마두봉(馬頭峰) 신장(神藏) 선사
- 담주(潭州) 화림(華林) 선각(善覺) 선사
- 정주(汀州) 수당(水塘) 화상
- 고사(古寺) 화상
- 강서(江西) 비수(椑樹) 화상
- 경조(京兆) 초당(草堂) 화상
- 원주(袁州) 양기산(楊岐山) 견숙(甄叔) 선사
- 몽계(濛谿) 화상
- 낙경(洛京) 흑간(黑澗) 화상
- 경조(京兆) 흥평(興平) 화상
- 소요(逍遙) 화상
- 복계(福谿) 화상
- 홍주(洪州) 수로(水老) 화상

8권 법계보

- 부배(浮盃) 화상
- 담주(潭州) 용산(龍山) 화상
- 양주(襄州) 방온(龐蘊) 거사

(이상 43인은 본문에 기록되어 있다. 원주)

- 천목산(天目山) 명각(明覺) 선사
- 왕옥산(王屋山) 행명(行明) 선사
- 경조(京兆) 지장(智藏) 선사
- 대양산(大陽山) 희정(希頂) 선사
- 소주(蘇州) 곤산(崑山) 정각(定覺) 선사
- 수주(隨州) 홍산(洪山) 대사
- 연주(連州) 원제(元堤) 선사
- 천주(泉州) 무료(無了) 선사
- 천주(泉州) 혜충(慧忠) 선사
- 안풍산(安豊山) 회공(懷空) 선사
- 나부산(羅浮山) 도행(道行) 선사
- 여산(廬山) 법장(法藏) 선사
- 여후산(呂后山) 영분(寧賁) 선사

(이상 13인은 본문에 기록되어 있지 않다. 원주)

남악(南嶽) 회양(懷讓) 선사의 제2세(마조의 법손)

회양(懷讓) 선사의 제2세 법손

분주(汾州) 무업(無業) 선사

무업 선사는 상주(商州)의 상락(上洛) 사람으로 성은 두(杜)씨이다. 처음에 어머니 이(李)씨가 잠시 쉬어 가자고 하는 공중의 소리를 듣고 곧이어 태기가 있더니, 탄생하는 날 저녁에는 신기한 빛이 방에 가득하였다.

귀밑머리를 딸 때가 되자 다닐 때에는 반드시 앞만을 보고 앉을 때에는 가부좌를 맺었다.

懷讓禪師第二世法嗣 汾州無業禪師者。商州上洛人也。姓杜氏。初母李氏聞空中言寄居得否。乃覺有娠。誕生之夕神光滿室。俯及丱歲行必直視坐即跏趺。

9세 때에 개원사(開元寺)의 지본 선사에게 대승경(大乘經)을 배웠는데 다섯줄을 동시에 읽고, 읽은 것은 빠짐없이 외웠다.

12세에 머리를 깎고 20세 때 양주(襄州)의 유율사(幽律師)에게 구족계를 받았으며, 이어 『사분율소(四分律疏)』[1]를 익혔는데 끝낸 뒤에는 곧바로 강의를 할 수 있었다. 항상 대중에게 『대열반부』를 강의하였는데 여름과 겨울에도 쉬지 않았다.

후에 마 대사의 선문이 성황하다는 소문을 듣고 특별히 가서 절하고 뵈었다. 마조는 그의 용모가 진기하고 말하는 음성이 종소리 같은 것을 보고서 말하였다.

"우람한 불당인데 그 가운데 부처는 없구나."

대사가 절을 하고 꿇어앉아 물었다.

"삼승(三乘)의 문장과 학문은 대충 그 종지를 궁구해 보았으나, 항상 듣기를 선문에서는 마음이 곧 부처라고 한다는데 진실로 알 수 없습니다."

九歲依開元寺志本禪師受大乘經。五行俱下諷誦無遺。十二落髮。二十受具戒於襄州幽律師。習四分律疏。纔終便能敷演。每為眾僧講涅槃大部。冬夏無廢。後聞馬大師禪門鼎盛。特往瞻禮。馬祖覩其狀貌瓌偉語音如鐘。乃曰。巍巍佛堂其中無佛。師禮跪而問曰。三乘文學粗窮其旨。常聞禪門即心是佛。實未能了。

---

1) 사분율소(四分律疏) : 부처님이 설하신 율법을 정리한 사분율에 대한 주석.

마조가 말하였다.

"다만 모르겠다고 하는 마음이 곧 이것이다. 더 이상 다른 물건이 없다."

"어떤 것이 조사께서 서쪽에서 오셔서 비밀히 전하신 심인(心印)입니까?"

"대덕의 마음이 지금 매우 소란하니, 갔다가 다음 날 오라."

대사가 막 물러나려 하는데, 마조가 불렀다.

"대덕이여."

대사가 머리를 돌리니, 마조가 말하였다.

"이것이 무엇인고?"

대사가 깨닫고 절을 하니, 마조가 말하였다.

"이 둔한 친구야, 절은 해서 무엇 하겠는가?"[2]

종지를 깨달은 뒤, 조계로 가서 6조의 탑에 절하고 여악(廬嶽)과 천태(天台) 등 성스러운 사적지를 두루 참배하였다.

馬祖曰。只未了底心即是。更無別物。師又問。如何是祖師西來密傳心印。祖曰。大德正鬧在。且去別時來。師纔出。祖召曰。大德。師迴首。祖云。是什麼。師便領悟禮拜。祖云。這鈍漢禮拜作麼(雲居錫拈云。什麼處是汾州正鬧)。自得旨尋詣曹谿禮祖塔及廬嶽天台遍尋聖迹。

2) 운거석(雲居錫)이 이 문제를 들어 말하기를 "어느 곳이 이 분주(汾州)의 소란함인가?" 하였다. (원주)

낙양에서 떠나 옹주(雍州) 서명사(西明寺)에 가서 쉬는데 대중이 양가대덕(兩街大德)으로 천거하니, 대사가 말하였다.

"나의 본뜻이 아니니라."

나중에 상당(上黨)[3]에 갔는데 절도사(節度使) 이포진(李抱眞)이 대사의 고명한 행적을 중히 여겨 조석으로 받들어 섬기었으나, 대사는 항상 괴로운 기색을 비치면서 사람들에게 말하였다.

"내가 본래 상국〔서울〕이 번거로워서 피했는데 이제 다시 번거로이 군후의 대접을 받으니, 그것이 어찌 나의 마음이리오."

그리고는 포복산(抱腹山)으로 갔다가 오래지 않아서 다시 청량산 금각사(金閣寺)로 가서, 또 대장경을 열람하기 시작하여 8년 만에 끝냈다.

다시 남쪽으로 내려와 서하(西河)에 이르니, 자사(刺史)인 동숙전이 개원정사(開元精舍)에 머물기를 청하므로 대사가 말하였다.

"나의 인연이 여기에 있구나."

自洛抵雍憩西明寺。僧眾舉請充兩街大德。師曰。非吾本志也。後至上黨。節度使李抱真重師名行旦夕瞻奉。師常有倦色。謂人曰。吾本避上國浩穰。今復煩接君侯。豈吾心哉。乃之縣上抱腹山。未久又往清涼金閣寺。重閱大藏周八稔而畢。復南下至於西河。刺史董叔纏請住開元精舍。師曰。吾緣在此矣。

3) 상당(上黨) : 지금의 산서성 지방의 지명.

이로부터 큰 법비를 뿌리기를 20여 년을 계속하니[4] 병주와 분주 지방의 승속이 감화를 받은 이가 많았는데, 매번 학자들이 와서 물으면 대사가 항상 답하기를 "망상을 부리지 말라."고 하였다.

당의 헌종(憲宗)이 자주 사자를 보내서 모시려 하였으나 대사는 모두 병을 빙자하여 가지 않았다. 목종(穆宗)이 즉위하고는 꼭 한 번 뵙기를 소원하여 양가승록(兩街僧錄)인 영고 등에게 조서를 가지고 가서 맞이해 오라고 명하였다. 그들이 대사에게 가서 절을 하고 말하였다.

"황제께서 이번에 부르시는 뜻은 다른 때와 같지 않으시니, 화상께서는 병을 핑계하지 마시고 천자의 명에 순종하시기 바랍니다."

대사가 빙그레 웃으면서 말하였다.

"내가 무슨 덕이 있다고 자주 황제를 번거롭게 하겠소? 먼저 가시오. 나는 다른 길을 따라서 곧 가겠소."

繇是雨大法雨垂二十載(廣語具別錄)。并汾緇白無不嚮化。凡學者致問。師多答之云。莫妄想。唐憲宗屢遣使徵召。師皆辭疾不赴。暨穆宗即位思一瞻禮。乃命兩街僧錄靈阜等。齎詔迎請。至彼作禮曰。皇上此度恩旨不同常時。願和尚且順天心。不可言疾也。師微笑曰。貧道何德累煩世主。且請前行吾從別道去矣。

4) 자세한 말은 다른 기록에 있다. (원주)

그리고는 목욕을 하고 머리를 깎고 나서 밤중이 되자 제자인 혜음(惠愔) 등에게 말하였다.

"그대들의 보고 듣고 깨닫고 아는 성품은 허공의 수명과도 같은 것이어서 생멸치 않는다. 일체 경계는 본래 스스로 공적하여 한 법도 얻을 수가 없다. 미혹한 이는 알지 못하기 때문에 바로 경계에 미혹되니, 일단 경계에 미혹되면 끝없이 헤매게 된다. 그대들은 마땅히 알아야 한다.

마음의 성품은 본래 스스로 있는 것이어서 만든 것이 아니니, 마치 금강을 깨뜨릴 수 없는 것과 같다. 일체 모든 법은 마치 그림자나 메아리 따위와 같아서 실로 있는 것이 아니다. 그러므로 경에 이르기를 '오직 이 한가지만이 진실하고 나머지 둘은 참이 아니니라. 항상 일체가 공함을 깨달으면 한 물건도 정(情)을 둘 것이 없다.'라고 하였다. 이것이 모든 부처님의 용심처(用心處)이니라. 그대들은 부지런히 수행하라."

乃沐身剃髮。至中夜告弟子惠愔等曰。汝等見聞覺知之性。與太虛同壽不生不滅。一切境界本自空寂。無一法可得。迷者不了即為境惑。一為境惑流轉不窮。汝等當知。心性本自有之。非因造作。猶如金剛不可破壞。一切諸法如影如響無有實者。故經云。唯此一事實餘二即非真。常了一切空無一物當情。是諸佛用心處。汝等勤而行之。

말을 마치자 가부좌를 맺고 열반했는데, 다비하는 날에 상서로운 오색 구름이 뜨고 기이한 향기가 사방에 가득하였다.

수습한 사리는 옥구슬같이 찬란하였는데 제자들이 금관(金棺)에 넣어 봉안하였다.

장경(長慶) 3년 12월 21일에 석탑(石塔)에 안치하여 장사지내니, 수명은 62세요, 법랍은 42세였다. 시호는 대달 국사(大達國師)이고 탑호는 징원(澄源)이었다.

言訖跏趺而逝。荼毘日祥雲五色異香四徹。所獲舍利�若玉珠。弟子等貯以金棺。當長慶三年十二月二十一日。葬於石塔。壽六十二。臘四十二。勅諡大達國師。塔曰澄源。

토끼뿔

무업 대사는 수행자들이 와 물으면 항상 "망상을 부리지 말라." 하였는데 알겠는가?

장가계 솟은 석주 솔과 꽃 곱고
계림의 계곡운무 이 자연을
보현과 배를 타고 즐겼노라

예주(澧州) 대동(大同) 광징(廣澄) 선사

광징 선사에게 어떤 승려가 물었다.
"어떤 것이 육근(六根)[5]이 사라진 것입니까?"
대사가 말하였다.
"칼을 휘둘러 허공을 베나[6] 허공은 상함이 없다."
"어떤 것이 본래의 사람입니까?"
"같이 앉아서도 모르는구나."
"그렇다면 학인은 절하고 물러가겠습니다."
"애타는 간장을 가만히 그려서 누구를 줄꼬!"

澧州大同廣澄禪師。僧問。如何是六根滅。師云。輪劍擲空(舊本作雲)無傷於物。問如何是本來人。師云。共坐不相識。僧云。恁麼即學人禮謝下去。師云。暗寫愁腸寄與誰。

5) 육근(六根) : 육식을 일으켜 경계를 인식케 하는 여섯 근원으로 눈, 귀, 코, 혀, 몸, 뜻을 말한다.
6) 구본에는 '운(雲)'으로 되어 있다. (원주)

토끼뿔

ꩲ "어떤 것이 육근(六根)이 사라진 것입니까?" 했을 때

대원은 "그보다 더 분명한 데에서 물을 수는 없다." 하리라.

ꩲ "어떤 것이 본래의 사람입니까?" 했을 때

대원은 "죽비니라." 하리라.

지주(池州) 남전(南泉) 보원(普願) 선사

보원 선사[7]는 정주(鄭州)의 신정(新鄭) 사람으로 성은 왕(王)씨이다.

당의 지덕(至德) 2년에 대외산(大隗山)의 대혜 선사에게 배우다가 30세에 숭악(嵩嶽)에 가서 계를 받았다. 처음에는 상부(相部)의 구장(舊章)[8]을 익혀 계율의 편(篇)과 취(聚)를 구명(究明)하였고, 다음에는 여러 강의하는 자리로 다니면서 『능가경(楞伽經)』과 『화엄경(華嚴經)』 등의 경전을 듣다가 중론(中論)[9], 백론(百論)[10], 십이문론(十二門論)[11]에 들어가서는 현묘한 이치를 더욱 연마하였다.

池州南泉普願禪師者。鄭州新鄭人也。姓王氏。唐至德二年依大隗山大慧禪師受業。三十詣嵩嶽受戒。初習相部舊章。究毘尼篇聚。次遊諸講肆。歷聽楞伽華嚴。入中百門觀精練玄義。

---

7) 보원 선사(748 ~ 834).

8) 구장(舊章) : 법려 율사의 저서.

9) 중론(中論) : 용수보살이 짓고 구마라습이 번역한 것으로 중송(中頌) 또는 중관론(中觀論)이라고도 부르며, 철저한 중도(中道)를 주장하여 공(空)과 가(假)를 타파하고 다시 중도에 집착한 견해마저 타파한 것이다.

10) 백론(百論) : 제바(提婆)보살이 짓고 구마라습이 번역한 것으로, 법이 항상하다는 외도의 망집과 인과가 있다거나 없다고 하는 주장을 깨뜨린 것이다.

11) 십이문론(十二門論) : 용수보살이 짓고 구마라습이 번역한 것으로 인연문(因緣門) 내지 관생문(觀生門)의 12문을 관하여 공의(空義)에 들어감을 설한 것이다.

나중에는 대적〔馬祖〕을 찾아와서 이론의 경지를 모두 초월한 유희삼매(遊戲三昧)[12]를 얻었다.

하루는 대중에게 죽을 나눠주는데 마 대사가 물었다.

"통 속의 것이 무엇인가?"

대사가 말하였다.

"저 늙은이가 입을 다물 것이지 무슨 말을 하는 것인가?"

그로부터 같이 배우는 무리가 감히 따지고 묻는 이가 없었다.

정원(貞元) 11년에 지양에 머물러 몸소 선실 하나를 짓고 30여 년 동안 남전산을 내려가지 않았다.

대화(大和) 초년에 선성(宣城)의 염사(廉使)인 육긍(陸亘)이 대사의 도풍(道風)을 흠모하여 감군(監軍)과 함께 산에서 내려오기를 청하고 제자의 예를 갖추었다.

後扣大寂之室。頓然忘筌。得遊戲三昧。一日為僧行粥次。馬大師問。桶裏是什麼。師云。這老漢合取口作恁麼語話。自餘同參之流無敢徵詰。貞元十一年憩錫於池陽自構禪齋。不下南泉三十餘載。大和初宣城廉使陸公亘嚮師道風。遂與監軍同請下山。伸弟子之禮。

12) 유희삼매(遊戲三昧) : 부처의 경지에서 노닐며 그 무엇에도 매하지 않는 경지.

그리하여 현묘한 진리를 크게 떨치니, 이로부터 도를 배우는 대중들이 항상 수백 명이 넘었고 설한 법이 제방에 널리 알려져서 영장(郢匠)[13]이라 불리웠다.

하루는 대사가 대중에게 보이고 말하였다.

"여여(如如)하다고 말할지라도 벌써 변한 것이다. 지금의 종사〔師僧〕들은 모름지기 다른 종류의 것을 들어서 보여야 한다."

귀종이 말하였다.

"아무리 축생의 행을 행하여도 축생의 과보를 받지 않는다."

대사가 말하였다.

"맹팔랑[14]이 또 이렇게 가는구나."

대사가 어느 때 말하였다.

"문수와 보현을 지난 밤 삼경에 각각 스무 방망이씩 때려서 사찰에서 내쫓았느니라."

大振玄綱。自此學徒不下數百。言滿諸方目為郢匠。一日師示眾云。道箇如如早是變也。今時師僧須向異類中行。歸宗云。雖行畜生行。不得畜生報。師云。孟八郎又恁麼去也。師有時云。文殊普賢昨夜三更每人與二十棒趁出院也。

---

13) 영장(郢匠) : 능숙한 목수.

14) 맹팔랑(孟八郎) : 시정잡배, 난폭한 사내를 가리키는 말.

조주가 말하였다.
"화상의 방망이는 누가 때리라고 했습니까?"
대사가 말하였다.
"말해 봐라. 왕노사(王老師)의 허물이 어디에 있느냐?"
조주가 절을 하고 물러갔다.[15]

대사가 이튿날 농장에 가리라 생각했는데, 그날 밤에 토지신(土地神)이 미리 농감에게 알려주어 농감이 미리 준비를 끝냈다.
대사가 도착하여 농감에게 물었다.
"어떻게 내가 올 줄 알고 이와 같이 마련했는가?"
농감이 대답하였다.
"어젯밤에 토지신이 화상께서 오늘 오신다고 하였습니다."
대사가 말하였다.
"왕노사 수행의 힘이 없어서 귀신들에게 들켰구나."

趙州云。和尚棒教誰喫。師云。且道。王老師過在什麼處。趙州禮拜而出(玄覺云。且道。趙州休去。是肯南泉不肯南泉)。師擬取明日遊莊舍。其夜土地神先報莊主。莊主乃預為備。師到問莊主。爭知老僧來排辦如此。莊主云。昨夜土地報道和尚今日來。師云。王老師修行無力。被鬼神覷見。

---

15) 현각(玄覺)이 말하기를 "말해 봐라. 조주(趙州)가 그만두고 간 것이 남전을 긍정한 것인가, 긍정하지 않은 것인가?" 하였다. (원주)

어떤 승려가 물었다.

"화상은 선지식인데 어찌하여 귀신들에게 들켰습니까?"

대사가 말하였다.

"토지신 앞에 밥 한몫을 더 놓아라.[16]

대사가 어떤 때에 말하였다.

"강서(江西)의 마조는 마음이 곧 부처라고 하지만 왕노사는 그렇게 말하지 않고 마음도 아니요, 부처도 아니요, 물건도 아니라고 하니, 이렇게 말하면 허물이 있겠는가?"

조주가 절을 하고 나가니, 어떤 승려가 조주의 뒤를 따라 나와 그에게 물었다.

"상좌께서 절을 하고 나오신 뜻이 무엇입니까?"

有僧便問。和尚既是善知識。為什麼被鬼神覰見。師云。土地前更下一分飯。(玄覺云。什麼處是土地前更下一分飯。雲居錫云。是賞伊罰伊。只如土地前。見是南泉。不是南泉)。師有時云。江西馬祖說即心即佛。王老師不恁麼道。不是心不是佛不是物。恁麼道還有過麼。趙州禮拜而出。時有一僧隨問趙州云。上座禮拜了便出意作麼生。

---

16) 현각(玄覺)이 말하기를 "어디가 토지신 앞에 밥 한몫을 더 놓으라는 곳인가?" 하였다.
운거석(雲居錫)이 말하기를 "이는 상을 주는 것인가, 벌을 주는 것인가? 그 토지신이 본 것이 남전인가, 남전이 아닌가?" 하였다. (원주)

조주가 말하였다.

"그대는 화상께 가서 물어라."

그 승려가 올라와서 물었다.

"방금 종심(趙州) 상좌의 뜻은 무엇입니까?"

대사가 말하였다.

"그가 나의 뜻을 알아차렸기 때문이다."

대사가 어느 날 발우를 들고 승당에 올라가니, 황벽 화상이 첫자리에 앉아 있다가 대사를 보고도 일어나지 않았다.

대사가 물었다.

"장로(長老)는 몇 해 동안이나 도를 닦았는가?"

황벽이 대답하였다.

"공왕불(空王佛)[17]때부터 입니다."

"그래도 여전히 왕노사의 손자 뻘이니 저 밑으로 내려가라."

대사가 어느 날 황벽에게 물었다.

趙州云。汝却問取和尚。僧上問曰。適來諗上座意作麼生。師云。他却領得老僧意旨。師一日捧鉢上堂。黃檗和尚居第一座。見師不起。師問云。長老什麼年中行道。黃檗云。空王佛時。師云。猶是王老師孫在下去。師一日問黃檗。

17) 공왕불(空王佛) : 공겁(空劫)의 세상에 출현하신 부처님.

"황금으로 세계를 이루고 백은(白銀)으로 벽을 꾸민 집이 있으니, 이는 누구의 거처인가?"

"성인의 거처입니다."

"다시 한 사람이 있는데 어떤 국토에 사는가?"

황벽이 손을 모으고 차수하고 서 있으니, 대사가 말하였다.

"말할 수 없으면 어찌 왕노사에게 묻지 않느냐?"

황벽이 얼른 물었다.

"다시 한 사람이 있는데 어떤 국토에 삽니까?"

대사가 말하였다.

"애석하구나."

대사가 다른 때에 황벽에게 물었다.

"정과 혜를 골고루 배운다 했는데 이 이치가 어떠한가?"

황벽이 말하였다.

"하루 종일 의지할 한 물건도 없습니다."

대사가 말하였다.

黃金為世界。白銀為壁落。此是什麼人居處。黃檗云。是聖人居處。師云。更有一人居何國土。黃檗乃叉手立。師云。道不得何不問王老師。黃檗却問。更有一人居何國土。師云。可惜許。師又別時問黃檗。定慧等學此理如何。黃檗云。十二時中不依倚一物。師云。

"그것이 장로의 견처인가?"

"감히 그렇겠습니까?"

"장물〔漿水〕[18]값은 그만두고 짚신 값은 누구더러 갚으란 말인가?"

대사가 어떤 승려가 장작 패는 것을 보고 나무를 세 번 치니, 그 승려가 도끼를 던지고 승당으로 돌아갔다.

대사도 법당으로 돌아가 말없이 있다가 다시 승당으로 들어오니, 아까 봤던 승려가 의발(衣鉢) 밑에 앉아 있었다.

대사가 그에게 말하였다.

"사람을 속이는군."

그 승려가 물었다.

"스님께서 방장실로 돌아가신 것은 무엇을 가르쳐 인도하시는 겁니까?"

대사가 말하였다.

"지난 밤 삼경에 소를 잃었는데, 날이 밝자 불마저 잃어버렸구나."

莫是長老見處麼。黃檗云。不敢。師云。漿水價且置。草鞋錢教阿誰還。師見僧斫木。師乃擊木三下。僧放下斧子歸僧堂。師歸法堂。良久却入僧堂。見前僧在衣鉢下坐。師云。賺殺人。僧問。師歸丈室將何指南。師云。昨夜三更失却牛。天明失却火。

18) 장물〔漿水〕: 물 혹은 기타 식물의 즙. 일종의 음료수.

동과 서 양당에서 고양이 하나를 두고 싸움이 벌어졌는데, 대사가 이를 보고 대중에게 말하였다.

"바로 이르면 고양이를 살려두겠지만 바로 이르지 못하면 목을 베리라."

대중이 아무도 대답하지 못하니, 대사는 곧 목을 베었다.

조주가 밖에서 돌아왔는데 대사가 앞의 일을 들어 이야기하니, 조주는 신을 벗어서 머리에 이고 나갔다.

대사가 이를 보고 말하였다.

"아까 그대가 있었더라면 고양이를 구했을 것을…."

대사가 방장실에서 삼산(杉山)과 함께 불을 쪼이다가 말하였다.

"동쪽과 서쪽을 가리키지 말고, 곧바로 본분사를 말해 봐라."

삼산이 부젓가락을 꽂고 차수하고 서 있으니, 대사가 말하였다.

"비록 이러하나 여전히 왕노사의 한 가닥 도와는 차이가 있다."

師因東西兩堂各爭猫兒。師遇之白衆曰。道得即救取猫兒。道不得即斬却也。衆無對。師便斬之。趙州自外歸。師擧前語示之。趙州乃脫履安頭上而出。師曰。汝適來若在。即救得猫兒也。師在方丈與杉山向火次。師云。不用指東指西。直下本分事道來。杉山插火箸叉手立。師云。雖然如是。猶較王老師一線道。

어떤 승려가 문안을 드리고 차수하고 서 있으니, 대사가 말하였다.

"너무 속되구나."

그 승려가 얼른 합장을 하니, 대사가 말하였다.

"너무 승려답구나."

그 승려가 대답이 없었다.

어떤 승려가 발우를 씻는데 대사가 발우를 빼앗았다. 그 승려가 빈손으로 서 있으니, 대사가 말하였다.

"발우는 내 손에 있는데 그대는 무엇을 중얼중얼하느냐?"

그 승려가 대답이 없었다.

대사가 채소밭에 갔다가 한 승려가 있는 것을 보고 기왓쪽을 던져 그 승려를 때렸다. 그 승려가 돌아볼 때에 대사가 한 발을 들고 서 있으니, 그 승려가 말이 없었다. 대사가 바로 방장실로 들어가니, 그 승려가 뒤를 따라와서 물었다.

有僧問訊叉手而立。師云。太俗生。其僧便合掌。師云。太僧生。僧無對。一僧洗鉢次。師乃奪却鉢。其僧即空手而立。師云。鉢在我手裏。汝口喃喃作麼。僧無對。師因入菜園見一僧。師乃將瓦子打之。其僧迴顧。師乃翹足。僧無語。師便歸方丈。僧隨後入問訊云。

"화상께서 아까 기왓쪽을 던져 저를 때리신 것은 저를 깨우쳐주신 일이 아니겠습니까?"

대사가 말하였다.

"한 발을 또 왜 들었겠는가?"

그 승려가 대답이 없었다.[19)]

대사가 대중에게 보이고 말하였다.

"왕노사가 몸을 팔려 하는데 누가 사겠는가?"

어떤 승려가 나와서 말하였다.

"제가 사겠습니다."

"비싸지도 않고 싸지도 않다. 그대는 얼마에 사겠는가?"

그 승려가 대답이 없었다.[20)]

和尙適來擲瓦子打某甲。豈不是警覺某甲。師云。翹足又作麼生。僧無對(後有僧問石霜云。南泉翹足意作麼生。石霜擧手云。還恁麼無)。師示衆云。王老師要賣身阿誰要買。一僧出云。某甲買。師云。他不作貴價不作賤價。汝作麼生買。僧無對(臥龍代云。屬某去也。禾山代云。是何道理。趙州代云明年來與和尙縫箇布衫)。

---

19) 나중에 어떤 승려가 석상(石霜)에게 묻기를 "남전 화상께서 한 발을 든 뜻이 무엇이었습니까?" 하니, 석상이 손을 들고 말하기를 "이런 것이 아니었을까?" 하였다. (원주)

20) 와룡(臥龍)이 대신 말하기를 "저에게 속해 버렸습니다." 하였다.
화산(禾山)이 대신 말하기를 "이게 무슨 도리요?" 하였다.
조주(趙州)가 대신 말하기를 "내년에 화상께 장삼을 한 벌 지어드리겠습니다." 하였다. (원주)

대사가 귀종과 마곡 두 사람과 함께 남양 국사(南陽國師)를 뵈러 가다가 대사가 먼저 길에다 동그라미 하나를 그려놓고 말하였다.

"바로 말하면 가리라."

귀종은 동그라미 안에 앉고, 마곡은 여자 절을 하니 대사가 말하였다.

"그렇다면 갈 것 없다."

귀종이 말하였다.

"이게 무슨 심보인고?"

대사는 마곡과 귀종의 이름을 부르면서 길을 돌아서서 국사를 뵈러 가지 않았다.[21)]

師與歸宗麻谷同去參禮南陽國師。師先於路上畫一圓相云。道得即去。歸宗便於圓相中坐。麻谷作女人拜。師云。恁麼即不去也。歸宗云。是什麼心行師乃相喚迴不去禮國師(玄覺云。只如南泉恁麼道。是肯底語不肯語。雲居錫云。比來去禮拜國師。南泉為什麼却相喚迴。且道古人意作麼生)。

---

21) 현각(玄覺)이 말하기를 "다만 남전이 그렇게 말한 것이 긍정하는 말인가, 부정하는 말인가?" 하였다.
운거석(雲居錫)이 말하기를 "국사께 절을 하러 가다가 남전이 왜 서로를 부르면서 돌아왔을까? 말해 봐라. 옛사람의 뜻이 무엇이겠는가?" 하였다. (원주)

대사가 신산(神山)에게 물었다.
"무엇을 하는가?"
신산이 대답하였다.
"바라를 치고 있습니다."
"손으로 치는가, 발로 치는가?"
"화상께서 말씀해 주십시오."
대사가 말하였다.
"분명히 기억해 두었다가 작가를 만나거든 말해라."[22)]

어떤 좌주가 대사에게 하직을 고하니, 대사가 물었다.
"어디로 가려는가?"
"산 밑으로 가겠습니다."
"무엇보다도 왕노사를 비방하지는 말라."
"어찌 감히 화상을 비방하겠습니까?"

師問神山。作什麼。對云。打羅。師云。手打脚打。神山云。請和尚道。師云。分明記取擧似作家(洞山別云。無脚手者。始解打羅)。有一座主辭師。師問。什麼處去。對云。山下去。師云。第一不得謗王老師。對云。爭敢謗和尚。

---

22) 동산(洞山)이 따로 말하기를 "손발이 없는 이라야 바라를 칠 줄 알리라." 하였다. (원주)

대사가 그의 얼굴에다 재채기〔噴水〕[23]를 하면서 말하였다.
"얼마나 되는가?"
좌주가 나가버렸다.[24]

대사가 하루는 방장실의 문을 닫고 재를 문밖에 휘둘러 뿌리고 말하였다.
"누군가가 바로 말하면 열어 주리라."
여러 사람들이 대답을 했지만 모두가 대사의 뜻에 맞지 않았는데, 조주가 "아이고." 하니 대사가 곧 문을 열었다.

師乃噴水云。多少。座主便出去(先雲居云。非師本意。先曹山云。賴也。石霜云。不為人斟酌。長慶云。請領語。雲居錫云。座主當時出去。是會不會)。師一日掩方丈門。將灰圍却門外云。若有人道得即開。或有祇對多未愜師意。趙州云。蒼天。師便開門。

---

23) 분수(噴水) : 원문의 분수(噴水)는 재채기를 하다라는 뜻이다. 중국의 민간에서는 재채기가 나오면 다른 사람이 자기에 대해 비방을 하기 때문이라는 말이 있다.
24) 선운거(先雲居)가 말하기를 "대사의 본뜻이 아니다." 하였다.
선조산(先曹山)이 말하기를 "믿음직하구나." 하였다.
석상(石霜)이 말하기를 "남의 시험을 받지 말아야 한다." 하였다.
장경(長慶)이 말하기를 "가장 요긴한 말을 청했거늘." 하였다.
운거석(雲居錫)이 말하기를 "좌주가 당시 나갈 때 안 것인가, 알지 못한 것인가?" 하였다. (원주)

대사가 달구경을 하는데 어떤 승려가 물었다.

"얼마 동안 이와 같았습니까?"

대사가 말하였다.

"왕노사는 20년 전에도 역시 이러-했느니라."

그 승려가 다시 물었다.

"지금은 어떠하십니까?"

대사는 그대로 방장실로 돌아갔다.

육긍대부가 물었다.

"제자가 육합(六合)[25]에서 왔는데 거기에도 몸이 있겠습니까?"

대사가 말하였다.

"분명히 기억해 두었다가 작가를 만나거든 말해라."

육긍대부가 또 말하였다.

"화상은 참으로 불가사의 하십니다. 가시는 곳마다 세계가 모두 성취되는군요."

師因翫月次。有僧便問。幾時得似這箇去。師云。王老師二十年前亦恁麼來。僧云。即今作麼生。師便歸方丈。陸亘大夫問云。弟子從六合來。彼中還更有身否。師云。分明記取擧似作家。陸又謂師曰。和尚大不可思議。到處世界皆成就。

25) 육합(六合) : 육긍대부가 있던 고을의 이름. 상·하·동·서·남·북, 즉 우주의 뜻.

대사가 말하였다.

"그것들 모두가 대부 분상(分上)의 일이다."

다른 날 육긍대부가 또 말하였다.

"제자도 불법을 약간은 알고 있습니다."

대사가 물었다.

"대부는 하루 종일 무엇을 하는가?"

"한 치의 실올도 걸치지 않습니다."

"여전히 풋내기〔階下漢〕[26)]로군."

대사가 또 말하였다.

"보지 못했는가? 도 있는 군왕은 지혜 있는 신하를 받아들이지 않는다는 말이 있다."

대사가 법상에 오르자 육긍대부가 말하였다.

"화상이시여, 대중에게 설법을 해주십시오."

師云。適來總是大夫分上事。陸異日又謂師曰。弟子亦薄會佛法。師便問。大夫十二時中作麼生。陸云。寸絲不掛。師云。猶是階下漢。師又云。不見道。有道君王不納有智之臣。師上堂次。陸大夫云。請和尚為眾說法。

26) 계하한(階下漢) : 원문의 계하한(階下漢)이란 학문에 아직 입문하지 못한 사람을 비유하는 말이다.

대사가 말하였다.

"노승더러 무슨 말을 하라 하는가?"

"화상께서 어찌 방편이 없으시겠습니까?"

"저들에게 무엇이 부족하다는 말인가?"

육긍이 물었다.

"어찌하여 육도(六道)[27]와 사생(四生)[28]이 있습니까?"

대사가 말하였다.

"노승이 그들에게 가르친 것이 아니다."

육긍대부가 대사와 함께 쌍륙(雙陸) 놀이[29]를 구경하다가 주사위 하나를 들고 말하였다.

"이렇건 이렇지 않건 다만 이러한데 주사위 무늬가 없어졌을 때는 어떻게 하겠습니까?"

대사가 주사위 하나를 들고 말하였다.

師云。教老僧作麼生說。陸云。和尚豈無方便。師云。道他欠少什麼。陸云。為什麼有六道四生。師云。老僧不教他。陸大夫與師見人雙陸。拈起骰子云。恁麼不恁麼。只恁麼信彩去時如何。師拈起骰子云。

---

27) 육도(六道) : 중생이 선악의 원인에 의하여 윤회하는 여섯 세계. 지옥, 아귀, 축생, 수라, 인간, 천상.

28) 사생(四生) : 태생, 난생, 습생, 화생으로 생물의 네 가지 생식 상태.

29) 쌍륙(雙陸) 놀이 : 주사위를 굴려 말이 먼저 궁에 들어가기를 겨루는 놀이.

"냄새 나는 뼈다귀가 열여덟 쪽이구나."

또 물었다.

"제자의 집에 돌이 하나 있는데 어떤 때는 앉고 어떤 때는 눕습니다. 지금 그것을 새겨서 불상을 만들까 하는데 되겠습니까?"

대사가 말하였다.

"된다."

대부가 물었다.

"안 되는 것이 아니겠습니까?"

대사가 말하였다.

"안 된다, 안 돼."[30)]

조주가 물었다.

"도는 물건 밖이 아니요, 물건 밖은 도가 아닌데 어떤 것이 물건 밖의 도입니까?"

臭骨頭十八。又問云。弟子家中有一片石。或時坐或時臥。如今擬鐫作佛還得否。師云。得。大夫云。莫不得否。師云。不得不得(雲巖云坐即佛不坐即非佛。洞山云。不坐即佛坐即非佛)。趙州問。道非物外物外非道。如何是物外道。

---

30) 운암(雲岩)이 말하기를 "앉으면 부처요, 앉지 못하면 부처가 아니다." 하였다. 동산(洞山)이 말하기를 "앉지 못하면 부처요, 앉으면 부처가 아니다." 하였다. (원주)

대사가 문득 때리니, 조주가 방망이를 잡아 막고 말하였다.

"이후에 사람을 잘못 때리지 마십시오."

대사가 말하였다.

"용과 뱀은 가리기 쉽지만 납자(衲子)[31]는 속이기 어렵구나."

대사가 원주를 불러 원주가 대답하니, 대사가 말하였다.

"부처님께서 90일 동안 도리천(忉利天)으로 가서 어머니에게 설법을 하고 계실 때, 우전왕(優塡王)이 부처님이 생각나서 목건련(目犍連)[32]에게 청하니, 목건련이 세 차례 신통을 부려 장인(匠人)을 모아 도리천에 가서 불상을 조각하게 하였는데 다만 31상만을 조각하였다. 어찌하여 범음상(梵音相)[33]은 조각하지 못했는가?"

원주가 물었다.

"어떤 것이 범음상입니까?"

師便打。趙州捉住棒云。已後莫錯打人去。師云。龍蛇易辨衲子難謾。師喚院主。院主應諾。師云。佛九十日在忉利天為母說法。時優塡王思佛。請目連運神通三轉攝匠人往彼雕佛像。只雕得三十一相。為什麼梵音相雕不得。院主問。如何是梵音相。

31) 납자(衲子) : 납의를 걸치고 제방을 행각하는 승려.

32) 목건련(目犍連) : 부처님의 십대 제자 중 신통 제일의 제자.

33) 범음상(梵音相) : 부처님의 32상의 하나. 청정하고 미묘한 음성.

대사가 말하였다.

“사람을 심하게 속이는구나.”

대사가 유나(維那)에게 물었다.

“오늘은 울력으로 무엇을 하는가?”

“맷돌질을 할 것입니다.”

대사가 말하였다.

“맷돌은 돌리지만 맷돌 가운데 쇠는 요동시키지 말아라.”

유나가 말이 없었다.[34)]

어느 날 어떤 대덕이 물었다.

“마음 그대로가 부처라는 것도 얻을 수 없고, 마음도 부처도 아니라 하는 것도 얻을 수 없으니, 대사의 뜻은 어떠하십니까?”

師云。賺殺人。師問維耶。今日普請作什麼。對云。拽磨。師云。磨從爾拽。不得動著磨中心樹子。維那無語(保福代云。比來拽磨如今却不成。法眼代云。恁麼即不拽也)。一日有大德問師曰。即心是佛又不得。非心非佛又不得。師意如何。

34) 보복(保福)이 대신 말하기를 “요사이에도 맷돌질을 하는데 지금도 이루지 못하네.” 하였다.
법안(法眼)이 대신 말하기를 “그러면 곧 맷돌질하는 것이 아니다.” 하였다. (원주)

대사가 말하였다.

"대덕이여, 마음이 그대로 부처라는 것을 믿으면 그만인데 다시 무슨 얻느니, 얻을 수 없느니를 말하겠는가? 마치 대덕이 밥을 먹고 나서 동쪽과 서쪽 복도를 왔다갔다 하면서 여러 사람에게 얻은 것이냐, 얻지 못한 것이냐를 물을 필요가 없는 것과 같다."

대사가 암자에 있을 때 어떤 승려가 암자에 이르렀다. 대사가 그 승려에게 말하였다.

"내가 산에 올라가겠으니, 밥 때가 되거든 그대가 먼저 먹고 한 몫을 산으로 보내주게."

조금 있다가 그 승려가 혼자 밥을 먹고 일시에 살림살이를 부수어 버린 뒤에 자리에 가서 누워버렸다.

대사가 기다려도 오지 않자 암자로 돌아갔는데 승려가 누워 있는 것이 보였다. 대사도 한쪽에 가서 누우니 그 승려가 일어나서 가버렸다. 대사가 혼자 남아서 중얼거렸다.

師云。大德。且信即心是佛便了。更說什麼得與不得。只如大德喫飯了從東廊上西廊下。不可總問人得與不得也。師住庵時有一僧到庵。師向其僧道。某甲上山。待到齋時做飯自喫了。送一分來山上。少時其僧自喫了。却一時打破家事就床臥。師待不見來。便歸庵見僧臥。師亦去一邊而臥。僧便起去。師住後云。

"내가 암자에 살기 시작한 이래 이렇게 영리한 자를 아직까지 본 적이 없다."

대사가 털공을 들고 승려에게 물었다.
"이것이 그것과 얼마나 닮았는가?"
그 승려가 대답하였다.
"닮지 않았습니다."
"어디서 그것을 보았기에 닮지 않았다 하는가?"
그 승려가 말하였다.
"제가 본 곳을 물으시려면 화상은 손에 있는 물건을 놔버리십시오."
"그대가 온통인 눈을 갖추었다고 인정하노라."

육긍대부가 대사에게 말하였다.
"조 법사(肇法師)는 매우 거룩하시니 만물이 같은 근원이요, 옳은 것과 그른 것이 한 몸이라 하셨습니다."

我往前住庵時。有箇靈利道者。直至如今不見。師拈起毬子問僧云。那箇何似這箇。對云。不似。師云。什麼處見那箇便道不似。僧云。若問某甲見處。和尚放下手中物。師云。許爾具一隻眼。陸亘大夫向師道。肇法師甚奇怪。道萬物同根是非一體。

대사가 뜰앞의 모란꽃을 가리키면서 말하였다.

"대부여, 세상 사람들은 이 한 포기의 꽃 보기를 꿈결에서와 같이 하지."

육긍이 어리둥절하였다. 그리고는 또 물었다.

"천왕(天王)은 어느 지위(地位)에 있습니까?"

"천왕이라면 지위에 있지 않아야 하지 않겠는가?"

"제가 듣기로 천왕은 초지(初地)[35]에 있다 하였습니다."

대사가 말하였다.

"응당 천왕의 몸으로 제도할 이는 천왕의 몸을 나타내어 법을 설한다."

육긍이 하직하고 임지인 선성(宣城)으로 떠나려 하니, 대사가 물었다.

"대부가 거기로 가면 무엇으로 백성을 다스리겠소?"

"지혜로 백성을 다스리겠습니다."

師指庭前牡丹花云。大夫時人見此一株花如夢相似。陸罔測陸又問。天王居何地位。師云。若是天王即非地位。陸云。弟子聞說天王是居初地。師云。應以天王身得度者。即現天王身而為說法。陸辭歸宣城治所。師問。大夫去彼將何治民。陸云。以智慧治民。

35) 초지(初地) : 보살의 수행하는 52단계 가운데 10지의 첫 단계.

대사가 말하였다.

"그러면 그곳 백성이 모두 도탄에 빠지겠군."

대사가 선주에 갔더니 육긍대부가 나와서 맞이하였는데 성문을 가리키면서 말하였다.

"사람들이 모두가 이것을 옹문(甕門)이라 하는데 화상께서는 무슨 문이라 하시겠습니까?"

대사가 말하였다.

"노승이 말을 하면 대부가 교화하는 일을 욕되게 할까 걱정이오."

"홀연히 도적이 올 때에는 어찌합니까?"

"왕노사의 허물이다."

육긍이 또 물었다.

"관세음보살은 허다한 천 손과 천 눈을 무엇에 씁니까?"

"국가에서는 대부를 기용해서 무엇 하는가?"

師云。恁麼即彼處生靈盡遭塗炭去也。師入宣州。陸大夫出迎接。指城門云。人人盡喚作甕門。未審和尚喚作什麼門。師云。老僧若道。恐辱大夫風化。陸云。忽然賊來時作麼生。師云。王老師罪過。陸又問。大悲菩薩用如許多手眼作什麼。師云。只如國家又用大夫作什麼。

대사가 마조 대사를 위하여 재(齋)를 차리고 대중에게 물었다.
"마 대사가 오셨는가?"
대중이 대답이 없었는데, 동산(洞山)이 말하였다.
"짝이 있으면 오셨겠지요."
대사가 말하였다.
"그대는 비록 후생(後生)이지만 가히 다듬을 만하다."
동산이 말하였다.
"화상께서는 양민을 천민으로 만들지 마십시오."

대사가 빨래를 하는데 어떤 승려가 와서 물었다.
"화상께 아직도 그런 것이 남았습니까?"
대사가 옷을 쳐들면서 말하였다.
"이것이야 어찌 하겠는가?"[36]

師為馬大師設齋問眾云。馬大師來否。眾無對。洞山云。待有伴即來。師云。子雖後生甚堪雕琢。洞山云。和尚莫壓良為賤。師洗衣次有僧問。和尚猶有這箇在。師拈起衣云。爭奈遮這箇何(玄覺云。且道是一箇是兩箇)。

36) 현각(玄覺)이 말하기를 "말해 봐라. 이 하나인가, 둘인가?" 하였다. (원주)

대사가 양흠(良欽)이라는 승려에게 물었다.
"공겁(空劫)[37]에도 부처님이 계셨겠는가?"
"계셨습니다."
"누구라 하는 분인가?"
"양흠이라는 분입니다."
"어떤 국토에 사셨던가?"
그 승려가 말이 없었다.

어떤 승려가 물었다.
"조사와 조사들이 서로 전하셨다는데 어떤 일을 전하셨습니까?"
대사가 대답하였다.
"1, 2, 3, 4, 5이니라."
"어떤 것이 옛사람의 것입니까?"
"있게 되거든 말하리라."
승려가 말하였다.
"화상은 어찌하여 망령된 말을 하십니까?"

師問僧良欽。空劫中還有佛否。對云有。師云。是阿誰。對云。良欽。師云。居何國土。無語。僧問。祖祖相傳合傳何事。師云。一二三四五。問如何是古人底。師云。待有即道。僧云。和尚為什麼妄語。

---

37) 공겁(空劫) : 시공조차 없었던 까마득한 옛적.

대사가 말하였다.

“나는 망령된 말을 한 적이 없는데 노행자(盧行者, 6조)가 망령된 말을 하였다.”

“하루 종일 무엇으로 경지를 삼습니까?”

“왜 왕노사에게 묻지 않는가?”

“물었습니다.”

“그래, 그대의 경지가 되어 주던가?”

어떤 승려가 물었다.

“청련(青蓮)이 바람과 불을 따라 흩어지지 않을 때는 무엇입니까?”

대사가 말하였다.

“바람도 불도 없어서 따름도 없는 것이 무엇이겠는가?”

승려가 말이 없자, 대사가 또다시 물었다.

師云。我不妄語。盧行者却妄語。問十二時中以何為境。師云。何不問王老師。僧云。問了也。師云。還曾與汝為境麼。僧問。青蓮不隨風火散時是什麼。師云。無風火不隨是什麼。僧無對。師却問。

"선도 생각하지 말고 악도 생각하지 말라. 생각이 모두 일어나지 않을 때 나의 본래면목을 가져오너라."

승려가 대답하였다.

"드러낼 모양이 없습니다."[38]

대사가 어떤 좌주에게 물었다.

"그대가 나에게 경을 강의해 주겠는가?"

"제가 화상께 경을 강의해 드리면 화상은 저에게 선(禪)을 말씀해 주셔야 합니다."

"금탄자(金彈子)를 은탄자(銀彈子)로 바꾸려 하지 말라."

좌주가 말하였다.

"저는 모르겠습니다."

대사가 말하였다.

"그대가 말해 봐라. 공중에 떠 있는 한 조각 구름이 못으로 박아놓은 것인가, 넝쿨로 감아놓은 것인가?"

不思善不思惡。思總不生時。還我本來面目來。僧云。無容止可露(洞山云。還曾將示人麼)。師問座主云。你與我講經得麼。對云。某甲與和尚講經。和尚須與某甲說禪始得。師云。不可將金彈子博銀彈子去。座主云。某甲不會。師云。汝道空中一片雲。為復釘釘住。為復藤纜著。

38) 동산(洞山)이 말하기를 "또 일찍이 사람에게 보여줄 것이 있는가?" 하였다. (원주)

승려가 물었다.

"공중에 구슬이 하나 있는데 어찌 하여야 갖겠습니까?"

"대를 쪼개 사다리를 만들어서 공중에서 따오라."

"어떻게 공중에 사다리를 치겠습니까?"

"그대는 왜 가지려 하는가?"

어떤 승려가 하직 인사를 하면서 물었다.

"학인이 제방에 갔을 때에 어떤 사람이 화상께서 요즘 무엇을 하시는가를 물으면 어찌 대답해야 할지 모르겠습니다."

대사가 말하였다.

"다만 요즈음은 씨름만 한다고 해라."

"어째서입니까?"

"한 박수에 둘 다 없어진다."

"부모에게서 태어나기 전에는 제 콧구멍이 어디에 있었습니까?"

"부모에게서 태어난 뒤에는 콧구멍이 어디에 있느냐?"

問空中有一珠如何取得。師云。斫竹布梯空中取。僧云。空中如何布梯。師云。汝擬作麼生取。僧辭問云。學人到諸方。有人問和尚近日作麼生。未審如何祇對。師云。但向道。近日解相撲。僧云。作麼生。師云。一拍雙泯。問父母未生時鼻孔在什麼處。師云。父母已生了鼻孔在什麼處。

대사가 세상을 뜨려할 때에 제1좌가 물었다.

"화상께서 세상을 뜨시면 어디로 가시렵니까?"

"산 밑으로 가서 한 마리의 물소가 되리라."

"제가 화상을 따라가고자 하는데 되겠습니까?"

"그대가 만약 나를 따르려면 입에다 풀을 한 줄기 물고 와야 한다."

대사가 병든 모습을 보이더니, 대화(大和) 8년 갑인 12월 25일 첫새벽에 문인들에게 말하였다.

"별, 그림자, 등불, 허깨비가 오래도 견디었다. 내가 오거나 갔다고 하지 말라."

말을 마치고 열반에 드니, 수명은 87세이고 법랍은 58세였다. 이듬해 봄에 탑에 모셨다.

師將順世。第一座問。和尚百年後向什麼處去。師云。山下作一頭水牯牛去。僧云。某甲隨和尚去還得也無。師云。汝若隨我即須噙取一莖草來。師乃示疾。大和八年甲寅十二月二十五日。凌晨告門人曰。星翳燈幻亦久矣。勿謂吾有去來也。言訖而謝。壽八十七。臘五十八。明年春入塔。

토끼뿔

대사가 양흠(良欽)이라는 승려에게 물었다.

"공겁(空劫)에도 부처님이 계셨겠는가?"

"계셨습니다."

"누구라 하는 분인가?"

"양흠이라는 분입니다."

"어떤 국토에 사셨던가?"

그 승려가 말이 없었다.

위의 문답에서

대답했다 하겠는가, 대답하지 않았다 하겠는가? 가려내봐라.

바로 가려내지 못하면 눈 밝은 이라 할 수 없는 것이다.

오대산(五臺山) 은봉(隱峯) 선사

은봉 선사는 복건(福建)의 소무(邵武) 사람으로 성은 등(鄧)씨였는데[39] 어릴 때에는 어리석은 듯하였다.

부모가 출가하는 것을 허락하자 처음에 마조 대사의 문하에 있었는데, 오묘한 진리를 보지 못하고 다시 석두(石頭) 선사에게로 갔다.

이렇게 왕래하기를 두세 번 거듭했으나 모두 깨닫지 못하다가[40] 후에 마조 대사의 한마디에 깨달았다.

대사가 석두 선사의 문하에 있을 때에 물었다.

"어찌하여야 도에 계합하겠습니까?"

"나도 도에 계합했다고는 못한다."

五臺山隱峯禪師者。福建邵武人也。姓鄧氏(時稱鄧隱峯)。幼若不慧。父母聽其出家。初遊馬祖之門。而未能覩奧。復來往石頭雖兩番不捷(語見馬祖章)而後於馬大師言下契會。師在石頭時。問云。如何得合道去。石頭云。我亦不合道。

---

39) 당시에 사람들이 그를 등은봉(鄧隱峯)이라 불렀다. (원주)

40) 마조편을 봐라. (원주)

"끝내는 어찌해야 합니까?"
"그대가 이와 같음을 얻게 된 것은 얼마이던가?"

어느 날 석두 화상이 풀을 베는데 대사가 그 왼쪽 곁에 손을 모으고 서 있었다.
석두가 낫을 대사의 낯 앞으로 날리듯 돌려 풀 한 포기를 베니 대사가 말하였다.
"화상은 겨우 이것만을 베시고 저것은 베지 못하셨습니다."
석두 화상이 낫을 들어 올리니, 대사가 받아가지고 베는 시늉을 하였다.
석두 화상이 말하였다.
"그대가 겨우 저것만을 베고 이것은 벨 줄 모르는구나."
대사가 대답을 못하였다.[41)]

師云。畢竟如何。石頭云。汝被這箇得多少時耶。一日石頭和尚剗草次。師在左側叉手而立。石頭飛剗子向師面前剗一株草。師云。和尚只剗得這箇不剗得那箇。石頭提起剗子。師接得剗子乃作剗勢。石頭云。汝只剗得那箇不解剗得這箇。師無對(洞山代云。還有堆阜麼)。

41) 동산(洞山)이 대신 말하기를 "아직도 풀더미가 있던가?" 하였다. (원주)

어느 날 대사가 손수레를 끄는데, 마 대사가 길바닥에 다리를 뻗고 앉아 있었다.

대사가 말하였다.

"다리를 거두십시오."

마 대사가 말하였다.

"편 것을 거두지 못하겠다."

"나가는 수레를 되돌릴 수도 없습니다."

그리고는 그대로 수레를 밀고 지나가니, 마 대사의 정강이가 상하였다.

마대사는 법당으로 돌아가서 도끼를 들고 나와 말하였다.

"아까 내 다리를 다치게 한 놈은 나와라."

대사가 거침없이 나가서 마 대사 앞에 목을 쭉 내미니, 마 대사는 도끼를 놓아버렸다.

師一日推土車次。馬大師展脚在路上坐。師云。請師收足。大師云。已展不收。師云。已進不退。乃推車碾過。大師脚損。歸法堂執斧子云。適來碾損老僧脚底出來。師便出於大師前引頸。大師乃置斧。

대사가 남전을 뵈러 갔을 때 승려들이 참례하러 들어오자, 남전이 정병을 가리키면서 말하였다.

"구리병은 경계다. 병 속에는 물이 있으니 경계를 움직이지 말고 나에게 물만 가져오라."

대사가 정병을 번쩍 들어 남전 앞에다 부으니, 남전이 그만두었다.

대사가 위산에게 갔다가 상좌의 자리 앞에다가 의발을 풀어 놓았다. 위산은 사숙 은봉이 왔다는 말을 듣고 위의를 갖추어 승당으로 내려왔다.

대사는 그가 오는 것을 보자 벌렁 쓰러져서 자는 시늉을 하였다.

위산이 곧 방장으로 돌아갔고 대사도 떠나 버렸다. 조금 있다가 위산이 시자에게 물었다.

"사숙께서는 아직 계시냐?"

"떠나셨습니다."

師到南泉。覩眾僧參次南泉指淨缾云。銅缾是境缾中有水。不得動著境。與老僧將水來。師便拈淨缾向南泉面前瀉。南泉便休。師後到潙山。於上座頭解放衣鉢。潙山聞師叔到。先具威儀下堂內。師見來便倒作睡勢。潙山便歸方丈。師乃發去。少間潙山問侍者。師叔在否。對云已去也。

위산이 말하였다.

"가실 때에 무슨 말이 있으셨느냐?"

시자가 대답하였다.

"아무 말씀도 없으셨습니다."

"말이 없었다 하지 말라. 그 소리가 우레와 같다."

대사는 형악에서 겨울을 지내고 여름을 청량에서 지냈다. 당의 원화(元和) 때에 다시 오대산으로 가는 길에 회서(淮西)를 지나게 되었다. 때마침 오원제(吳元濟)가 군사를 일으켜 왕명을 거역하므로 관군과 역적이 칼끝을 겨누고 있었는데 승부를 가리지 못하고 있었다.

대사가 말하였다.

"내가 가서 그 환란을 풀리라."

그리고는 주장자를 공중으로 던져서 타고 날아가니, 양쪽 군의 장군과 병사들이 우러러보고 간밤의 꿈과 맞다 탄복하면서 싸울 마음이 단박에 쉬어졌다.

潙山云。去時有什麼言語。對云。無言語。潙山云。莫道無言語其聲如雷。師以冬居衡嶽夏止清涼。唐元和中薦登五臺。路出淮西。屬吳元濟阻兵違拒王命。官軍與賊交鋒未決勝負。師曰。吾當去解其患。乃擲錫空中飛身而過。兩軍將士仰觀事符預夢鬪心頓息。

대사가 신통을 나타내고 나서 도리어 무리를 미혹시킬까 걱정이 되어 마침내 오대산으로 들어갔다.

금강굴 앞에서 열반에 들려 하다가 먼저 대중에게 물었다.

"제방에서 열반할 때 앉아서 가거나 누워서 가는 것을 보았을 텐데, 서서 가는 이도 있던가?"

"있습니다."

"그러면 거꾸로 서서 가는 이도 있던가?"

"아직 보지 못했습니다."

대사가 거꾸로 서서 열반에 들었는데, 몸은 꼿꼿이 서 있었고 그 옷자락이 고스란히 몸에 붙어 있었다.

이때에 대중들이 의논하여 화장터로 운구해 가려 했으나 까딱도 하지 않으니, 멀고 가까운 데에서 온 사람들이 우러러보고 경탄하지 않는 이가 없었다.

당시 대사의 누이동생이 여승이 되어 있었는데, 그때 그녀가 가까이 구부리고 다가가서 나무랬다.

師既顯神異。慮成惑眾遂入五臺。於金剛窟前將示滅。先問眾云。諸方遷化坐去卧去吾嘗見之。還有立化也無。眾云。有也。師云。還有倒立者否。眾云。未嘗見有。師乃倒立而化。亭亭然其衣順體。時眾議舁就茶毘屹然不動。遠近瞻視驚歎無已。師有妹為尼。時在彼。乃俯近而咄曰。

"오라버니는 살아서도 율행을 지키지 않더니 죽어서 마저 사람들을 현혹시키는구려."

그리고는 손으로 미니, 시체가 덜컥 쓰러져 화장터〔闍維〕[42]로 옮겼다. 사리를 수습하여 탑에 안치하였다.

老兄疇昔不循法律。死更熒惑於人。於是以手推之。僨然而踣遂就闍維。收舍利入塔。

42) 사유(闍維) : 원문의 사유(闍維)는 다비 장소, 화장터라는 뜻이다.

토끼뿔

"가실 때에 무슨 말이 있으셨느냐?" 하니 "아무 말씀도 없으셨습니다." 한 것에 대해

대원은 "말이 없었다 말아라. 그 이상의 남김 없는 말이 없느니라." 하리라.

온주(溫州) 불오(佛嶼) 화상

불오 화상은 언제나 사람이 오는 것을 보면 주장자를 땅에다 세우고 말하였다.

"앞의 부처님도 이러-하셨고 뒤의 부처님도 이러-하다."

어떤 승려가 물었다.

"바로 이러-할 때에는 어찌 하겠습니까?

대사가 동그라미를 하나 그렸다.

그 승려가 여자의 절을 하니, 대사가 때렸다.

승려가 물었다.

"어떤 것이 불법의 대의입니까?"

"도적이다, 도적."

"어떤 것이 다른 류입니까?"

대사가 찻종지를 치고 말하였다.

"화노야, 화노야![43] 밥 먹어라."

溫州佛嶼和尚。尋常見人來。以拄杖卓地云。前佛也恁麼。後佛也恁麼。僧問。正恁麼時作麼生。師畫一圓相。僧作女人拜。師乃打之。僧問。如何是佛法大意。師云。賊也賊也。僧問。如何是異類。師敲椀云。花奴花奴喫飯來。

---

43) 화노(花奴) : 당나라와 송나라 때 사람들이 많이 쓰던 개나 고양이의 이름.

토끼뿔

"어떤 것이 다른 류입니까?" 했을 때

대원은 "없다." 하리라.

오구(烏臼) 화상

현(玄)과 소(紹), 두 상좌가 강서(江西) 지방에서 대사를 뵈러 오니 대사가 물었다.

"두 선사〔禪伯〕[44]는 어디서 떠났는가?"

그 승려가 대답하였다.

"강서입니다."

대사가 주장자로 때리니, 현(玄)이 말하였다.

"화상께 이런 기틀이 있는 줄을 오래 전부터 알고 있었습니다."

"너는 알지 못했다. 뒤에 서 있는 승려가 말해 봐라."

뒤에 서 있던 승려가 앞으로 나오려 하는데, 대사가 때리면서 말하였다.

"같은 구덩이에 다른 흙이 없다는 것을 믿어 알았어야 했었다. 승당으로 가서 더 참구하라."

烏臼和尚有玄紹二上座。從江西來參師。師乃問云。二禪伯發足什麼處。僧云。江西。師以拄杖打之。玄云。久知和尚有此機要。師云。你既不會。後面箇僧祇對看。後面僧擬近前。師便打云。信知同坑無異土。參堂去。

44) 선백(禪伯) : 원문의 선백(禪伯)은 도가 있는 승려에 대한 존칭이다.

토끼뿔

"두 선사〔禪伯〕는 어디서 떠났는가?" 했을 때

대원은 "내디딜 곳이 있거든 일러주십시오." 하리라.

담주(潭州) 석상(石霜) 대선(大善) 화상

석상[45] 대선 화상에게 어떤 승려가 물었다.

"어떤 것이 불법의 대의입니까?"

대사가 말하였다.

"봄날에 닭이 운다."

"학인은 잘 모르겠습니다."

"가을날에 개 짖는 소리이다"

대사가 법상에 올라 말하였다.

"대중아, 나오너라, 나와. 노승에게 법요가 있지만 백 년 뒤에 그대들에게 누를 끼치지 않을까 하노라."

대중이 말하였다.

"곧 청컨대 화상께서 말씀해 주십시오."

"산더미 같은 불로도 녹일 수 없다."

潭州石霜(一作龍)大善和尚。僧問。如何是佛法大意。師云。春日鷄鳴。僧云。學人不會。師云。中秋犬吠。師上堂云。大衆出來出來。老漢有箇法要。百年後不累你。衆云。便請和尚說。師云。不消一堆火。

---

45) 어떤 곳은 '석룡(石龍)'이라 되어 있다. (원주)

동산(洞山)이 물었다.

"자리 앞에 있던 한 동자가 매우 일을 잘 마쳤었는데 지금은 보이지 않으니 어디로 갔습니까?"

대사가 말하였다.

"불길 위에 머무를 수 없어서 청량세계(淸涼世界)로 돌아갔다."

洞山問。几前一童子甚是了事。如今不見向甚處去也。師云。火焰上泊不得。却歸淸涼世界去也。

 토끼뿔

“자리 앞에 있던 한 동자가 매우 일을 잘 마쳤었는데 지금은 보이지 않으니 어디로 갔습니까?” 했을 때

대원은 “자리 앞에 찻잔이 내 앞서 누설하는구나.” 하리라.

석구(石臼) 화상

석구 화상이 처음에 마조(馬祖)를 뵈니, 마조가 물었다.

"어디서 왔는가?"

대사가 대답하였다.

"오구(烏臼)에서 왔습니다."

"오구가 요사이 무어라 하던가?"

"몇 사람이 이에 대해서는 망연합니다."

"망연한 것은 그만두고 밝고 고요한 한 구절은 어떠한가?"

대사가 앞으로 세 걸음을 나서니, 마조가 말하였다.

"내가 오구를 일곱 방망이를 때릴 일이 있는데 그대가 달게 받겠는가?"

대사가 대답하였다.

"화상〔마조〕께서 먼저 맞으신 뒤에 제가 맞겠습니다."

그리고는 다시 오구로 돌아갔다.

石臼和尚。初參馬祖。問什麼處來。師云。烏臼來。祖云。烏臼近日有何言句。師云。幾人於此茫然在。祖云。茫然且置。悄然一句作麼生。師乃近前三步。祖云。我有七棒寄打。烏臼。爾還甘否。師云。和尚先喫某甲後甘。却迴烏臼。

토끼뿔

"몇 사람이 이에 대해서는 망연합니다." 하니, 마조가 "망연한 것은 그만두고 밝고 고요한 한 구절은 어떠한가?" 했을 때

"고요함에 또한 이렇게 스님과 말씀도 주고받습니다."라고 했어야 했다.

본계(本谿) 화상

본계 화상에게 방 거사가 물었다.
"단하 선사가 시자를 때린 뜻이 무엇입니까?"
대사가 말하였다.
"점잖은 늙은이가 남의 잘잘못이나 보고 있다니."
방 거사가 말하였다.
"나와 스님은 동문 사이니까 물어보는 거요."
대사가 말하였다.
"그렇다면 처음부터 말해 보시오. 함께 헤아려 봅시다."
방 거사가 말하였다.
"점잖은 늙은이가 남의 시비를 말하는 것은 옳지 않소."
대사가 말하였다.
"늙은이라고 생각하시오?"
방 거사가 말하였다.
"죄송합니다, 죄송해요."

本谿和尚。龐居士問云。丹霞打侍者意在何所。師云。大老翁見人長短在。居士云。為我與師同參了。方敢借問。師云。若恁麼從頭舉來共爾商量。居士云。大老翁不可共爾說人是非。師云。念翁老年。居士云。罪過罪過。

"그렇다면 처음부터 말해 보시오. 함께 헤아려 봅시다." 했을 때

방 거사는 고기 낚는 시늉을 하고 나오면서 "월척이다." 했어야 했다.

석림(石林) 화상

어느 날 방 거사가 오자, 대사가 불자를 세우고 말하였다.

"단하의 기틀〔機〕에 떨어지지 말고 한 구절을 말해 보시오."

그러자 방 거사가 문득 불자를 빼앗고 도리어 자기의 주먹을 쳐들어 보이니, 대사가 말하였다.

"바로 그것이 단하의 기틀이오."

방 거사가 말하였다.

"나에게 떨어지지 않은 것을 보여주시오."

"단하는 벙어리이고 방 거사는 귀머거리구려."

"옳습니다, 옳아요."

대사가 말이 없으니, 방 거사가 말하였다.

"당신에게 그냥 해본 말이오."

대사가 여전히 말이 없었다.

石林和尚。一日龐居士來。師乃竪起拂子云。不落丹霞機試道一句。居士奪却拂子了。却自竪起拳。師云。正是丹霞機。居士云。與我不落看。師云。丹霞患啞龐翁患聾。居士云。恰是也恰是也。師無語。居士云。向道偶爾恁麼。師亦無語。

또 어느 날 대사가 방 거사에게 물었다.

"내가 하나 물어볼 터이니 거사는 말을 아끼지 마시오."

방 거사가 대답하였다.

"말해 보시오."

"본디 말을 아끼시는군요."

"이 질문에는 모르는 사이에 저쪽의 편의에 떨어졌구나."

대사가 귀를 가리고 있으니, 방 거사가 말하였다.

"과연 작가(作家)구나, 작가."

又一日師問居士云。某甲有箇借問。居士莫惜言句。居士云。便請擧來。師云。元來惜言句。居士云。這箇問訊不覺落他便宜。師乃掩耳而已。居士云。作家作家。

토끼뿔

"단하의 기틀〔機〕에 떨어지지 말고 한 구절을 말해 보시오." 했을 때

대원은 "떨어질 말이 있거든 한 구절 일러 주시구려." 하리라.
험.

홍주(洪州) 서산(西山) 양좌주(亮座主)

양좌주는 본래 촉(蜀) 사람이다. 경론을 강의하다가 마조를 뵈니, 마조가 물었다.

"듣자하니 좌주는 경론을 많이 강의한다는데 사실인가?"

양좌주가 말하였다.

"감히 그렇다 하기가 외람됩니다."

"무엇을 가지고 강의했는가?"

"마음을 가지고 강의하였습니다."

"마음은 재주 있는 광대와 같고 뜻은 광대를 놀리는 것과 같거늘 어떻게 경을 강의하는가?"

양좌주가 소리를 지르면서 말하였다.

"마음이 강의를 못한다면 허공이 강의를 하겠습니까?"

"허공은 강의할 수 있다."

亮座主(洪州西山)。本蜀人也。頗講經論。因參馬祖。祖問曰。見說座主大講得經論是否。亮云。不敢。祖云。將什麼講。亮云。將心講。祖云。心如工伎兒。意如和伎者。爭解講得經。亮抗聲云。心旣講不得。虛空莫講得麼。祖云。却是虛空講得。

양좌주가 수긍되지 않아 문을 차고 나가는데, 마조가 불렀다.

"좌주여."

양좌주가 머리를 돌리니, 마조가 말하였다.

"이 무엇인고?"

좌주가 크게 깨닫고 절을 하니, 마조가 말하였다.

"이 둔한 좌주여, 절은 하여서 무엇 하겠는가?"

양좌주가 절로 돌아가서 대중에게 말하였다.

"경전 강의하는 일은 아무도 나를 따를 자가 없다고 생각하였는데, 오늘 마 대사의 한 질문을 받고 평생의 공부가 얼음같이 녹아버렸다."

그리고는 서산에 숨어 다시는 소식이 없었다.

亮不肯便出將下階。祖召云。座主。亮迴首。祖云。是什麼。亮豁然大悟禮拜。祖云。這鈍根阿師禮拜作麼。亮歸寺告聽眾云。某甲所講經論。謂無人及得。今日被馬大師一問。平生功夫氷釋而已。乃隱西山更無消息。

토끼뿔

'무엇인고?' 한 말씀에 상없는 광명체라
절하는 그대로가 불은혜 갚음인저
절은 해서 뭣하랴 그 귀한 말씀이여
불법 중에서도 가장 귀한 보배임을…

흑안(黑眼) 화상

흑안 화상에게 어떤 승려가 물었다.
"어떤 것이 세상에 나오지 않는 스승입니까?"
대사가 말하였다.
"선재(善財)[46]의 주장자이다."
"어떤 것이 불법의 대의입니까?"
"십 년 동안 숯장사를 하고도 아직 저울눈을 모르는구나."

黑眼和尚。僧問。如何是不出世師。師云。善財拄杖子。問如何是佛法大意。師云。十年賣炭漢。不知秤畔星。

46) 선재(善財) : 화엄경의 선재동자.

토끼뿔

일찍이 어떤 이가 와서
"어떤 것이 세상에 나오지 않는 스승입니까?" 하기에
"무등산 서석대니라." 했으며,
또 어느 때 한 스님이 와서
"어떤 것이 불법의 대의입니까?" 하기에
"서석대 밑 갈대니라." 했는데,
흑안과 같다 하겠는가, 다르다 하겠는가?

미령(米嶺) 화상

미령 화상에게 어떤 승려가 물었다.

"어떤 것이 누더기 밑의 일입니까?"

대사가 말하였다.

"더럽거든 그대 멋대로 싫어하라만 구름이나 안개빛에도 걸린 적이 없었느니라."

대사가 열반에 들려 하면서 게송 하나를 남겨 놓았다.

조사 조사마다 부사의 하셔서
세상에 늘 있기를 허락지 않는다
대중은 잘 생각해 봐라
끝내 다만 이것뿐이니라

米嶺和尚。僧問。如何是衲衣下事。師云。醜陋任君嫌。不掛雲霞色。師將示滅。乃遺一偈云。

祖祖不思議
不許常住世
大衆審思惟
畢竟只遮是

토끼뿔

"어떤 것이 누더기 밑의 일입니까?" 했을 때

대원은 "낮밤 없이 해초는 춤을 춘다." 하고 이르노라.

조사마다 부사의 함이여
인연 따라 출세하여 불은을 갚았으나
그렇지만 끝내는 한 일 없네
참.

제봉(齊峯) 화상

어느 날 방 거사가 절에 들어오니, 대사가 말하였다.

"속인이 뻔질나게 선원에 와서 무엇을 찾는가?"

방 거사가 좌우를 둘러보며 말하였다.

"그렇게 말하는 건 누군가, 그렇게 말하는 건 누구야?"

대사가 곧장 할을 하니, 방 거사가 말하였다.

"이 속에 있군."

대사가 말하였다.

"제대로[當陽][47] 이른 것인가, 아닌가?"

방 거사가 말하였다.

"등 뒤. 적!"

대사가 고개를 돌리면서 말하였다.

"보는 자를 본다."

齊峯和尚。一日龐居士入院。師云。俗人頻頻入僧院討箇什麼。居士迴顧兩邊云。誰恁道誰恁道。師乃咄之。居士云。在這裏。師云。莫是當陽道麼。居士云。背後底。師迴首云。看看。

---

47) 당양(當陽) : 원문의 당양(當陽)은 천자(天子)의 정위(正位), 남쪽을 향해 앉는다는 뜻이다.

방 거사가 소리쳤다.

"좀도둑이 졌다. 좀도둑이 졌어."

대사가 말이 없었다.

방 거사가 또 물었다.

"여기서 제봉 꼭대기까지는 몇 리나 되는가요?"

대사가 말하였다.

"어느 곳을 오간다 하는가?"

방 거사가 말하였다.

"높고 험한 것이 두려워서 묻지도 못하겠군요."

대사가 말하였다.

"얼마나 되는가?"

방 거사가 말하였다.

"1, 2, 3."

대사가 말하였다.

"4, 5, 6."

居士云。草賊敗草賊敗。師無語。居士又問。此去峯頂有幾里。師云。什麼處去來。居士云。可畏峻硬不得問著。師云。是多少。居士云。一二三。師云。四五六。

방 거사가 말하였다.

“어찌 7을 말하지 않는가요?”

대사가 말하였다.

“7을 말하면, 곧바로 8이 다시 있게 되니.”

방 거사가 말하였다.

“맞네, 맞아.”

대사가 말하였다.

“마음대로 더 해보게.”

방 거사가 할을 하고 나가버렸다. 대사도 뒤좇아 또한 할을 하였다.

居士云。何不道七。師云。纔道七便有八。居士云。得也得也。師云。一任添取。居士乃咄之而去。師隨後咄之。

 토끼뿔

"마음대로 더 해보게." 했을 때

"험! 여기에 어떻게 그런 말이 설 수 있단 말이오." 했더라면 하는 아쉬움이 없지 않다.

대양(大陽) 화상

대양 화상에게 이(伊) 선사가 인사를 하니, 대사가 말하였다.

"이(伊) 선사여, 요즘의 일반 선사들은 눈앞을 향해서 사람들을 가르치고 눈앞의 일을 취해서 남을 위하는데, 형상과 형색〔文彩〕의 징조도 나타나기 전의 일을 알겠는가?"

이 선사가 대답하였다.

"그에 대하여 한 가지 묻고자 하는데, 화상께 여쭈어도 되는지 안 되는지 모르겠습니다."

"이미 그대에게 답해 마쳤으니, 되는지 안 되는지 따위는 말하지 말라!"

"눈앞의 것을 알 수 있겠습니까?"

대사가 말하였다.

"눈앞의 것을 어떻게 알겠는가?"

이 선사가 말하였다.

"그렇다면 남의 점검(點檢)을 받아야 합니다."

大陽和尚。伊禪師參次。師云。伊禪近日一般禪師。向目前指教人了。取目前事作這箇為人。還會文彩未兆時也無。伊云。擬向這裏致一問。問和尚不知可否。師云。答汝已了莫道可否。伊云。還識得目前也未。師云。是目前作麼生識。伊云要且遭人點檢。

대사가 말하였다.

“그게 누구인가?”

“저입니다.”

대사가 “돌!” 하니, 이 선사가 물러나서 서 있었다.

대사가 말하였다.

“그대는 앞만 볼 줄 알고 뒤는 돌아볼 줄 모르는구나.”

이 선사가 말하였다.

“설상가상(雪上加霜)이군요.”

“피차가 유익할 만한 것이 없었구나.”

師云。誰。伊云。某甲。師便咄之。伊退步而立。師云。汝只解瞻前不解顧後。伊云。雪上更加霜。師云。彼此無便宜。

토끼뿔

“이(伊) 선사여, 요즘의 일반 선사들은 눈앞을 향해서 사람들을 가르치고 눈앞의 일을 취해서 남을 위하는데, 형상과 형색〔文彩〕의 징조도 나타나기 전의 일을 알겠는가?” 했을 때

대원은 “단오날에 창포물에 머리 감는다.” 하리라.

홍나(紅螺) 화상

홍나 화상이 유주(幽州)에 있을 때에 게송으로 문인들에게 보였다.

홍나산자(紅螺山子)가 이족(夷族)에 가까운데
제도 받은 무리의 절반은 해족(奚族)이구나
문답을 같이 하지만 전혀 알지 못하고
가엾게도 오직 나사기[48]만 아는구나

紅螺和尚。在幽州有頌。示門人曰。
紅螺山子近邊夷
度得之流半是奚
共語問醻全不會
可憐只解那斯祁

48) 나사기(那斯祁) : 이 지방의 성(姓). 해족(奚族) 등 북쪽 땅의 사람들의 말을 음역한 것이다. 그 뜻은 알 수 없다.

토끼뿔

아는 것은 누구며, 알지 못한 것은 무슨 물건인고?

(조용히 있다가)

악!

(손뼉 친 뒤 웃다.)

천주(泉州) 구양산(龜洋山) 무료(無了) 선사

무료 선사는 보전현(莆田縣) 호공(壺公) 굉당(宏塘) 사람으로 성은 심(沈)씨이다.

7세 때에 아버지가 손을 잡고 백중원(白重院)에 데리고 갔는데 마치 자기 집 같은 생각이 들어 그대로 출가하였다. 18세가 되자 영암사(靈岩寺)에 가서 머리를 깎고 구족계를 받았다.

나중에 대적〔馬祖〕 선사를 만나 조사의 심인을 깨닫고 그대로 백중원으로 돌아왔다.

절 북쪽으로 난 나무하러 가는 길이 막히자, 어느 날 대사가 지팡이로 덤불을 헤치고 가다가 눈이 여섯인 거북이를 만났는데 잠깐 사이에 사라졌다. 그리하여 그 봉우리에다 암자를 세우니 구양 화상이라 부르게 되었다.

泉州龜洋山無了禪師者。莆田縣壺公宏塘人也。姓沈氏。年七歲父携入白重院。視之如家因而捨愛。至十八剃度受具靈巖寺。後參大寂禪師了達祖乘。即還本院。院之北樵采路絕。師一日策杖披榛而行。遇六眸巨龜。斯須而失。乃庵于此峯。因號龜洋和尚。

어느 날 범이 사슴을 쫓아 암자에 들어오니, 대사가 지팡이로 범을 쫓아내어 사슴의 목숨을 구하였다.

열반할 무렵에 이런 게송을 읊었다.

80년 동안에 동과 서에서 분명히 했기에
늙은 백발 협박이 못된다네
길지도 짧지도 크지도 작지도 않아
모든 사람들과 같은 성품이니
옴도 없고 감도 없으며 머묾도 없어서
깨닫고 보면 본래 자성은 비었네

一日有虎逐鹿入庵。師以杖格虎遂存鹿命。洎將示化乃述偈曰。

八十年來辨西東
如今不要白頭翁
非長非短非大小
還與諸人性相同
無來無去兼無住
了却本來自性空

게송을 마치고 태연히 입적하니, 정당(正堂)[49]에다 빈소를 차려 놓고 20년을 지냈다.

하루는 산골 물이 넘쳐서 문인들이 탑을 열어보니, 온몸이 물속에 떠 있었다. 민왕(閩王)이 이 말을 듣고 사자를 보내 궁전의 뜰로 모셔다가 공양을 올리는데 홀연히 더러운 냄새가 멀리 진동하였다.

왕이 향을 피우고 "구양산의 본자리로 옮겨 모시고 탑을 세우겠습니다."라고 축원하니, 말이 끝나자 이상한 향취가 두루 퍼져서 온 성 안의 사람이 다 우러러보며 예를 올렸다.

본도의 관리가 이 사실을 아뢰어 진적 대사(眞寂大師)라는 시호가 하사되었고 탑은 영각(靈覺)이라 하였다.

나중에 혜충이라는 제자가 징태(澄汰)[50]를 만나 속인의 몸으로 입적하였는데 탑에서 동쪽으로 200보 거리에다 장사지내니, 동탑(東塔)이라 불렸다.

偈畢儼然告寂。瘗於正堂。垂二十載。為山泉淹沒。門人發塔。見全身水中而浮。閩王聞之。遣使舁入府庭供養。忽臭氣遠聞。王焚香祝之曰。可遷龜洋舊址建塔。言訖異香普熏傾城瞻禮。本道奏謚真寂大師。塔曰靈覺。後弟子慧忠遇澄汰終於白衣。就塔之東二百步而葬。謂之東塔。

---

49) 정당(正堂) : 방장이 있는 방.

50) 징태(澄汰) : 무능한 관리를 정리한다는 뜻인데 여기서는 법란(法亂)을 뜻한다.

지금도 구양산의 두 진신(眞身)은 선비와 서민들의 의지할 곳이 되고 있으니, 마치 승가난제의 교화와 같다. 혜충이 초암 화상에게 법을 받은 것은 본장에 기술되어 있다.

今龜洋二真身士民依怙。若僧伽之遺化焉。慧忠得法於草庵和尚。如本章述之。

토끼뿔

“본래 자성은 비었네”를 알고 싶은가?

머구리가 둠벙에 뛰어든다.

이산(利山) 화상

이산 화상에게 어떤 승려가 물었다.
"모든 물질은 허공으로 돌아가지만 허공은 어디로 돌아갑니까?"
"혀가 입 밖에 나올 수 없다."
"어째서 입 밖에 나올 수 없습니까?"
"안팎이 온통이기 때문이다."

어떤 승려가 물었다.
"아승지겁을 지나지 않고도 법신을 얻는다 하니, 스님께서 곧바로 보여주십시오."
대사가 말하였다.
"아들이 아버지의 살림을 이어받는다."
"어찌하여야 깨닫겠습니까?"
"쪼갤 것도 감할 것도 베풀 것도 없느니라."
"그렇다면 대중이 믿겠습니다."

利山和尚。僧問。眾色歸空空歸何所。師云。舌頭不出口。僧云。為什麼不出口。師云。內外一如故。僧問。不歷僧祇獲法身請師直指。師云。子承父業。僧云。如何領會。師云。貶剝不施。僧云。恁麼即大眾有賴去。

대사가 말하였다.

"대중은 그만두고 어떤 것이 법신인가?"

승려가 대답을 못하니 대사가 말하였다.

"그대가 나에게 물어라. 말해 주리라."

그 승려가 도리어 물었다.

"어떤 것이 법신입니까?"

대사가 말하였다.

"허공의 꽃이요, 아지랑이이니라."

"어떤 것이 서쪽에서 오신 뜻입니까?"

"어떤 것도 보는 것이 아니다."

"왜 그렇습니까?"

"다만 이와 같을 뿐이다."

師云。大衆且置。作麼生是法身。僧無對。師云。汝問我向爾道。僧却問。如何是法身。師云。空華陽焰。僧問。如何是西來意。師云。不見如何。僧云。為什麼如此。師云。只為如此。

토끼뿔

“모든 물질은 허공으로 돌아가지만 허공은 어디로 돌아갑니까?” 했을 때

대원은 “이마 위에 떨어진 첫눈이다.” 하리라.

소주(韶州) 유원(乳源) 화상

유원 화상이 법상에 올라 말하였다.

"서쪽에서 오신 분명〔的的〕한 뜻을 말하기는 어렵지 않으니, 대중 가운데에 말할 수 있는 이가 없는가? 나와서 시험삼아 말해 봐라."

어떤 승려가 나와서 절을 하자마자, 대사가 때리면서 말하였다.

"지금이 어느 때라고 나서는가?"[51]

대사가 앙산(仰山)이 사미일 적에 경 읽는 것을 보고 꾸짖으면서 말하였다.

"이 사미가 경 읽는 것은 마치 곡하는 소리 같구나."

韶州乳源和尚。上堂云。西來的的意不妨難道。大眾莫有道得者。出來試道看。有一僧出纔禮拜。師便打云。是什麼時節出頭來(後人舉似長慶。長慶云。不妨不妨。資福代云。為和尚不惜身命)。師見仰山作沙彌時念經。師咄云。這沙彌。念經恰似哭聲。

---

51) 후에 어떤 사람이 장경(長慶)에게 말하니, 장경이 말하기를 "방해로움이 없다. 방해로움이 없다." 하였다.
자복(資福)이 대신 말하기를 "화상을 위해 몸과 목숨을 아끼지 않았습니다." 하였다. (원주)

앙산이 말하였다.

"제가 경 읽는 소리가 곡하는 소리 같다면 스님의 것은 어떠하십니까?"

대사가 돌아볼 뿐이었다.

仰山云。慧寂念經似哭。未審和尚如何。師乃顧視而已。

토끼뿔

승려가 나와서 절을 하자마자 대사가 때리려고 할 때에

날쌔게 주장자를 휘어잡고 "약이었소." 했어야 했다.
험.

송산(松山) 화상

송산 화상이 어느 날 방 거사를 불러 차를 마시는데, 방 거사가 찻쟁반을 들고 말하였다.

"사람마다 모두 그 분수가 있는데, 왜 말하지 못한다 합니까?"

대사가 말하였다.

"사람마다 모두 그 분수가 있기에 말하지 못한다 하지요."

"그런데 당신은 무슨 까닭으로 말할 수 있는 거요?"

대사가 말하였다.

"말 없는 것만이 옳은 것이 아니잖소."

"분명합니다. 분명해요."

대사가 차를 마셔버리니, 방 거사가 말하였다.

"당신은 차를 마시면서 어찌 손님에게는 대접도 없소?"

"누구에게요?"

"이 방 선생에게."

松山和尚。一日命龐居士喫茶。居士舉起托子云。人人盡有分。因什麼道不得。師云。只為人人盡有。所以道不得。居士云。阿兄為什麼却道得。師云。不可無言也。居士云。灼然灼然。師便喫茶。居士云。阿兄喫茶何不揖客。師云。誰。居士云。龐翁。

대사가 말하였다.

“어찌 다시 더 대접하리오.”

뒷날 단하 선사가 이 말을 전해 듣고 이렇게 말하였다.

“만약 송산 화상이 아니었더라면, 그 노인한테 어지러운 장난을 한바탕 면치 못했을 것이다.”

방 거사가 이 말을 듣고, 사람을 시켜 단하 선사에게 전갈하였다.

“어째서 찻쟁반을 들어올리기 전은 알지 못하는가?”

師云。何須更揖。後丹霞聞舉乃云。若不是松山幾被箇老翁作亂一上。居士聞之。乃令人傳語丹霞云。何不會取未[52]舉起托子時。

---

52) 未가 송, 원나라본에는 없다.

 토끼뿔

"어째서 찻쟁반을 들어올리기 전은 알지 못하는가?" 했는데

혹 어떤 이가 차반을 들어올리기 전에 알았다 하더라도 대원은 그를 삼십방을 치리라.

칙천(則川) 화상

방 거사가 대사를 만났을 때, 대사가 말하였다.

"석두 선사와 처음 보았을 때의 도리를 기억하고 있는지요?"

방 거사가 말하였다.

"스님께서 다시 들고 있군요."

대사가 말하였다.

"명확하게 안 것이 오래다 보니 만나 뵈었던 일을 가볍게 여기는 건가요?"

방 거사가 말하였다.

"칙천 화상은 나만 그렇다고 마시오."

대사가 말하였다.

"둘이 한 때이다 보니 또한 다툰들 얼마나 되리오."

방 거사가 말하였다.

"내 건강이 좋으니 스님보다야 나을 걸요?"

대사가 말하였다.

則川和尚。龐居士看師。師云。還記得初見石頭時道理否。居士云。猶得阿師重舉在。師云。情知久參事慢。居士云。阿師老耄不啻龐翁。師云。二彼同時又爭幾許。居士云。龐翁鮮健且勝阿師。師云。

"당신이 나보다 나은 것이 아니라, 단지 당신 복두[53]가 나한테는 없다는 것뿐이오."

방 거사가 복두를 잡아 벗어버리고 말하였다.[54]

"스님과 똑같잖소."

대사는 껄껄 웃고 말았다.

대사가 차밭에 들어가서 차를 따는데 방 거사가 물었다.

"법계는 몸이라 함마저 용납하지 않는데, 스님은 저를 보십니까?"

"만약 노승이 아니었더라면 방공에게 대답을 할 뻔했소."

"물으면 대답하는 것은 당연한 일입니다."

대사가 듣지 않고 찻잎만 따고 있으니, 방 거사가 다시 말하였다.

"아까 가볍게 물은 것을 괴이하게 여기지 마십시오."

不是勝我秖是欠你一箇幞頭。居士云。恰與師相似。師大笑而已。師入茶園內摘茶次。龐居士云。法界不容身。師還見我否。師云。不是老師怕答公話。居士云。有問有答蓋是尋常。師乃摘茶不聽。居士云。莫怪適來容易借問。

53) 복두(幞頭) : 복두건(幞頭巾). 속인이 머리에 쓰던 두건.

54) 명나라 때 출간된 『방거사어록』을 보면 방 거사가 복두건을 벗어버린 이후에 하는 말로 되어 있다. 문답의 정황으로 보아 『방거사어록』의 기록이 맞으므로, 원본에는 없으나 '복두를 잡아 벗어버리고'를 첨가하여 번역하였다.

대사가 여전히 돌아보지도 않으니, 방 거사가 할을 하고 말하였다.

"이 무례한 사람아! 내가 눈밝은 사람에게 낱낱이 이야기할 테니 알아서 하시오."

대사는 차바구니를 버리고 곧장 방장실로 들어갔다.

師亦不顧。居士喝云。遮無禮儀老漢。待我一一舉向明眼人在。師乃拋却茶籃子。便入方丈。

토끼뿔

방 거사가 할을 하고 무례한 사람이라 할 때,

"거사시여, 말이 없었다고 마시오. 그 소리 법계에 진동함을 왜 못 들었던고?" 했어야 했다.

남악(南嶽) 서원(西園) 담장(曇藏) 선사

담장 선사[55]는 본래 대적(大寂) 선사에게 심인(心印)을 받고, 나중에 석두 희천 화상을 만나 밝게 깨달았다.

당의 정원(貞元) 2년에 형악(衡嶽)의 정상에 은둔하여 찾아오는 사람이 드물었는데, 얼마 지나지 않아 발에 병이 나서 서원 난야로 옮겨 사니 선승들로 성황을 이루었다.

어느 날 대사가 손수 목욕물을 준비하는데 어떤 승려가 물었다.

"왜 사미를 시키지 않으십니까?"

대사가 손뼉을 세 번 쳤다.[56]

南嶽西園蘭若曇藏禪師者。本受心印於大寂禪師。後謁石頭遷和尚瑩然明徹。唐貞元二年遁衡嶽之絕頂。人罕參訪。尋以脚疾移止西園。禪侶繁盛。師一日自開浴次。僧問。何不使沙彌。師乃拊掌三下(洞山云。一種是時節因緣。就中西園精妙。僧問曹山。古人拊掌豈不明沙彌邊事。曹山云。如何是向上事。僧無對。曹山云。這沙彌)。

---

55) 담장 선사(758 ~ 827).

56) 동산(洞山)이 말하기를 "똑같은 시절과 인연인데 그 중에서도 서원의 것이 가장 정밀하고 묘하구나." 하였다.
승려가 조산(曹山)에게 묻기를 "옛사람이 손뼉을 쳤는데 어찌 사미쪽의 일을 몰랐겠습니까?" 하니, 조산이 말하기를 "어떤 것이 구경의 일인가?" 하였다. 승려가 대답이 없었다. 조산이 말하기를 "이 사미야!" 하였다. (원주)

대사가 영리한 개 한 마리를 길렀는데, 밤에 경행(經行)을 하면 그 개가 와서 옷을 물어 방으로 돌아가게 하였다. 또 문 곁에 착 엎드려서 짖기도 하고 빈번히 몸을 솟구쳐 사납게 물 기세를 취하기도 하였다.

어느 날 새벽 동쪽 부엌에 큰 구렁이 하나가 나타났는데, 길이가 두어 발이나 되고 입을 벌려 독기를 뿜고 있었다. 시자가 피하라고 하니 대사가 말하였다.

"죽음인들 피하겠는가? 그가 독을 가지고 오면 나는 자비로 받아들일 것이다. 독이란 진실한 성품이 없어서 격분하면 강해지지만 자비는 인연을 가리지 않으니 원수와 친함이 도에서는 한결같다."

말을 마치자 그 구렁이가 머리를 숙이고 천천히 가더니 홀연히 보이지 않았다.

또 어느 날 저녁에 도적떼가 왔는데, 개가 또 대사의 옷자락을 물어서 당겼다.

師養一靈犬。嘗夜經行次。其犬嚙師衣。師即歸房。又於門側伏守而吠。頻奮身作猛噬之勢。詰旦東厨有一大蟒長數丈。張口呀氣毒焰熾然。侍者請避之。師曰。死可逃乎。彼以毒來我以慈受。毒無實性激發則强。慈苟無緣寃親一揆。言訖其蟒按首徐行倏然不見。復一夕有群盜。犬亦嚙師衣。

대사가 도적들에게 말하였다.

“오막살이에 마음에 드는 것이 있거든 마음대로 가져가라. 조금도 아깝지 않다.”

도적들이 그 말에 감동되어 모두가 머리를 조아리고 흩어졌다.

師語盜曰。茅舍有可意物。一任取去終無所悋。盜感其言皆稽首而散。

토끼뿔

정릉 보림 선원 회주이신 묵산 선사께서 어느 날 대원에게 물으셨다.

"'왜 사미를 시키지 않습니까?'라고 하니 서원 선사가 손뼉을 세 번 두드렸는데, 그것이 무슨 뜻입니까?"

대원이 말하였다.

"스님, 세수는 하셨습니까?"

"예불 전에 했었지요."

"방금 주방에서 오셨는데 주방에서 무엇을 하셨습니까?"

"아침기도를 좀 했더니 목이 말라 물 좀 마시고 나오는 중이었어요."

"그랬군요."

그러자 묵산 스님께서 말씀하셨다.

"쓸데없는 말은 그만두고 묻는 말에 대답이나 해봐요."

대원이 말하였다.

"훗날 대답이 없었다고 말하지는 마시구려."

백령(百靈) 화상

백령 화상이 어느 날 방 거사를 길에서 만나 이렇게 물었다.

"지난 날 거사께서 남악에서 얻으신 소식을 남에게 이야기한 적이 있소?"

"이야기한 적이 있습니다."

"누구에게 이야기했소?"

방 거사가 손으로 자기를 가리키면서 말하였다.

"이 방공에게요."

대사가 말하였다.

"설사 묘덕(妙德, 문수)이나 공생(空生, 수보리)같은 이라도 거사를 찬탄하는 일은 다하지 못할 것이오."

방 거사가 도리어 물었다.

"대사께서 깨달은 것은 누가 알고 있습니까?"

百靈和尚。一日與龐居士路次相逢。師問云。昔日居士南嶽得意句還曾舉向人未。居士云。曾舉來。師云。舉向什麼人。居士以手自指曰。龐翁。師云。直是妙德空生也歎居士不及。居士却問。師得力句是誰知。

대사가 곧 삿갓을 쓰고 떠나 버리니, 거사가 말하였다.
"잘 가시오."
대사가 떠나면서 다시는 고개를 돌리지 않았다.

師便戴笠子而去。居士云。善為道路。師一去更不迴首。

토끼뿔

대구 시내에 있는 대안사에서 겨울 한 철과 여름 한 철을 지냈는데 여름 어느 날, 박금봉 선사께서 들러 대원에게 물으셨다.

"자네가 대원인가?"

대원이 말하였다.

"예. 그렇습니다."

그러자 판치생모에 대한 얘기를 하시고 나서 물으셨다.

"이 판치생모 도리는 무슨 도리인고?"

대원이 말하였다.

"지금 처마 밑에 조잘대는 참새도 누설한 것을 새삼스럽게 물으십니다."

"자네가 힘 얻은 대목은 누가 아는가?"

"무어라 하셨습니까? 다시 한 번 들려주십시오."

"자네가 힘 얻은 대목은 누가 아는가?"

대원이 말하였다.

"누가 묻거든 대답이 없었다고는 마십시오."

그리고는 방을 나와 버렸다.

진주(鎭州) 금우(金牛) 화상

금우 화상이 스스로 공양주가 되어 대중공양 때가 되면 밥통을 메고 승당 앞에 와서 춤을 추면서 말하였다.

"보살들이여, 밥을 잡수시오."

鎭州金牛和尙。師自作飯供養衆僧。每至齋時舁飯桶到堂前作舞曰。菩薩了喫飯來。

그리고는 손뼉을 치면서 크게 웃기를 날마다 계속하였다.[57]

乃撫掌大笑。日日如是(僧問長慶。古人撫掌喚僧喫飯。意旨云何。長慶云。大似因齋慶讚。僧問大光。未審慶讚箇什麼。大光便作舞。僧乃禮拜。大光云。這野狐精。東禪齊云。古人自出手作飯。舞了喚人來喫意作麼生。還會麼。只如長慶與大光。是明古人意。別為他分析。今問。上座。每日持盂掌鉢時。迎來送去時。為當與古人一般。別有道理。若道別且作麼生得別來。若一般恰到他舞。又被喚作野狐精。有會處麼。若未會行脚眼在什麼處。僧問曹山。古人恁麼是奴兒婢子否。曹山云是。僧云。向上事請師道。曹山咄云。這奴兒婢子)。

---

57) 어떤 승려가 장경(長慶)에게 묻기를 "옛사람이 손뼉을 치면서 승려들에게 밥을 먹으라고 한 뜻이 무엇입니까?" 하니 장경이 대답하기를 "공양 때마다 경사를 찬양하는 것이다" 하였다. 어떤 승려가 대광(大光)에게 묻기를 "찬양한 뜻이 무엇인지 모르겠습니다" 하니 대광이 춤을 추었다. 그 승려가 절을 하니 대광이 꾸짖기를 "이 들여우 혼신아." 하였다.
동선재(東禪齋)가 말하기를 "옛사람이 손수 밥을 지어다 놓고 춤을 춘 뒤에 대중을 불러 먹으라 한 뜻이 무엇이겠는가? 알겠는가? 장경과 대광은 옛사람의 뜻을 밝힌 것인가, 달리 도리를 분석한 것인가? 이제 상좌들에게 묻노니 매일 발우를 들고 놓을 때와 사람을 맞이하고 보낼 때에 고인과 같은가, 다른 도리가 있던가? 다르다면 어떻게 차이가 나는가? 같다면 그가 춤을 추듯 해야 할 것이다. 또 들여우 혼신이라는 꾸지람을 받았는데, 알겠는가? 만일 모르겠다면 행각한 안목이 어디에 있는가?" 하였다.
어떤 승려가 조산(曹山)에게 묻기를 "고인이 그렇게 한 것이 종의 것이 아니겠습니까?" 하니 조산이 말하기를 "그렇다." 하였다. 그 승려가 말하기를 "모든 것을 초월하는 일을 스님께서 말씀해 주십시오." 하니 조산이 "돌!" 하고 말하기를 "이 종놈아, 이 종놈아" 하였다. (원주)

토끼뿔

금우 화상이 밥통에 밥을 담아 와서 "보살들이여, 밥을 잡수시오." 했는데

대원은 오늘, 두 맨손으로 밥을 떠 들어올리는 형세를 하고
"보살들이여, 공양하시오." 하리니
금우 화상의 공양과 같다 하겠는가, 다르다 하겠는가?

동안(洞安) 화상

동안 화상에게 어떤 승려가 하직을 고하니 대사가 물었다.
"어디로 가려는가?"
"본래 갈 곳이 없습니다."
"잘 하는 스님네로군."
"외람된 말씀입니다."
"제방에 가거든 분명하게 이야기하라."

어떤 승려가 모시고 서 있는데 대사가 물었다.
"오늘이 며칠인가?"
"모르겠습니다."
"나는 기억하고 있다."
"오늘이 며칠입니까?"
"오늘은 깜깜한 그믐밤〔昏晦〕[58]이다."

洞安和尚。有僧辭師。師云。什麼處去。僧云。本無所去。師云。善為闍梨。僧云。不敢不敢。師云。到諸方分明舉。僧侍立次。師問。今日是幾。僧云。不知。師云。我却記得。僧云。今日是幾。師云。今日昏晦。

58) 혼회(昏晦〕: 원문의 혼회(昏晦)는 해가 져서 어둡다는 뜻이다.

토끼뿔

어떤 이가 묻기를 "오늘이 며칠입니까?" 하면 이르리라.

"삼삼은 구다."
험.

흔주(忻州) 타지(打地) 화상

타지 화상이 강서(江西)에서 법을 깨친 뒤로 스스로 이름을 감추고 있었는데, 학자들이 와서 물으면 오직 몽둥이로 땅을 두드려 보였으므로 당시 사람들이 타지(打地) 화상이라 불렀다.

어느 날 어떤 승려가 몽둥이를 숨겨 버리고 와서 물으니, 대사는 다만 입만 벌리고 있었다.

승려가 그의 문인에게 물었다.

"화상께서 매번 사람들이 와서 물으면 몽둥이로 땅을 친 뜻이 무엇입니까?"

그 문인이 부엌에 가서 장작 한 쪽을 들고 와서 솥 안에다 던졌다.

忻州打地和尚。自江西領旨。自晦其名。凡學者致問。惟以棒打地而示之。謂之打地和尚。一日被僧藏却棒然後問。師但張其口。僧問門人曰。只如和尚每有人問。便打地。意旨如何。門人即於竈底取柴一片擲在釜中。

 토끼뿔

"화상께서 매번 사람들이 와서 물으면 몽둥이로 땅을 친 뜻이 무엇입니까?" 했을 때

대원은 "그대 눈 앞 모든 것이 일제히 이르건만 귀가 먹었단 말인가?" 하면서 한 번 쳤을 것이다.

담주(潭州) 수계(秀谿) 화상

수계 화상에게 어느 날 곡산이 물었다.

"소리와 색이 순수하고 참되니 어떤 것이 도입니까?"

"분주하게 지껄여서 무엇 하랴."

곡산이 동쪽에서 서쪽으로 가서 서니, 대사가 말하였다.

"만일 그렇게 하지 않았다면 위험했을 뻔했다."

곡산이 다시 동쪽으로 가니, 대사가 선상에서 내려와 두어 걸음 걷는데, 곡산이 멱살을 잡고 물었다.

"소리와 색이 순수하고 참된 소식이 어떤 것입니까?"

대사가 곡산의 뺨을 철썩 때리니, 곡산이 말하였다.

"10년 뒤에는 차 심부름 하나 해줄 사람도 없을 것입니다."

대사가 말하였다.

"곡산 늙은이에게 무엇을 바라겠나?"

곡산이 '하하하' 크게 세 차례 웃었다.

潭州秀谿和尚。一日谷山問。聲色純真如何是道。師云。亂道作麼。谷山却從東邊過西邊立。師云。若不恁麼即禍事也。谷山却過東邊。師乃下禪牀方行兩步。被谷山捉住云。聲色純真事作麼生。師便掌谷山。谷山云。十年後要箇人下茶也無在。師云。要谷山老漢作麼。谷山呵呵大笑三聲。

 토끼뿔

"소리와 색이 순수하고 참되니 어떤 것이 도입니까?" 했을 때 대원은 "어떤 것이 아니었던고?" 하리라.

또 "소리와 색이 순수하고 참된 소식이 어떤 것입니까?" 하면 대원은 "한산이 손뼉치니 습득이 깔깔 웃는 것이니라." 하리라.

자주(磁州) 마두봉(馬頭峯) 신장(神藏) 선사

신장 선사가 법상에 올라 대중에게 말하였다.

"알되 앎이 없음은 알지 못해서 알지 못한다고 말하는 것과는 다르다."[59)]

磁州馬頭峯神藏禪師。上堂謂衆云。知而無知不是無知而說無知(南泉云。恁麼依師道。始道得一半。黃檗云。不是南泉駿。他要圓前話)。

---

59) 남전(南泉)이 말하기를 "이렇게 말해 봐야 겨우 하나의 반을 이야기했다." 하였다.
황벽(黃檗)이 말하기를 "남전이 아니었더라면 그는 앞의 말을 더 채우려 했으리라." 하였다. (원주)

토끼뿔

남전의 말과 황벽의 말까지 모두 들어,
대원은 말하기를 “모두 온전히 사족이니라.” 해두노라.

담주(潭州) 화림(華林) 선각(善覺) 선사

선각 선사는 항상 석장(錫杖)을 짚고 다녔는데, 밤에 숲속에 나가서 일곱 걸음에 석장을 한 번 굴리고 관세음보살 명호를 한 번씩 불렀다.

협산 선회가 암자에 왔다가 물었다.

"멀리서 듣건대 화상께서는 관세음보살을 부르신다는데 사실입니까?"

"그렇소."

"머리에 걸터앉으려는데 어떠합니까?"

대사가 말하였다.

"머리가 나오면 그대 멋대로 타시오마는 머리가 나올 수도 없는데 어떻게 걸터앉으려 하오?"

潭州華林善覺禪師。常持錫夜出林麓間。七步一振錫一稱觀音名號。夾山善會造庵問曰。遠聞和尚念觀音是否。師曰。然。夾山曰。騎却頭如何。師曰。出頭從汝騎。不出頭騎什麼。

어떤 승려가 뵈러 와서 방석을 펴려는데, 대사가 말하였다.
“늦었다, 늦었어.”
“화상께서는 무엇을 보셨습니까?”
“애석하게도 종루(鐘樓)[60]가 무너졌구나.”
그 승려가 이 말에 깨달았다.

어느 날 관찰사인 배휴(裵休)가 찾아와서 물었다.
“대사께서도 시자가 있으십니까?”
“한 둘이 있소.”
“어디에 있습니까?”
대사가 “대공(大空)아, 소공(小空)아” 하고 부르니 범 두 마리가 암자 뒤에서 튀어나왔다. 배휴가 보고 겁을 내니, 대사가 두 범에게 말하였다.
“손님이 계시니 가 있거라.”

僧參方展坐具。師曰。緩緩。僧曰。和尚見什麼。師曰。可惜許磕破鐘樓。其僧從此悟入。一日觀察使裵休訪之問曰。師還有侍者否。師曰。有一兩箇。裵曰。在什麼處。師乃喚大空小空。時二虎自庵後而出。裵覩之驚悸。師語二虎曰。有客且去。

---

60) 종루(鐘樓) : 절 경내에 대종을 달아 두는 누각.

두 범이 으르렁 거리면서 가자 배휴가 물었다.

"대사께서는 어떤 업을 닦았기에 이런 감응을 받으십니까?"

대사가 말없이 보이고 말하였다.

"알겠는가?"

"모르겠습니다."

"산승이 항상 관세음을 염불했소."

二虎哮吼而去。裴問曰。師作何行業感得如斯。師乃良久曰。會麼。曰。不會。師曰。山僧常念觀音。

토끼뿔

"머리에 걸터앉으려는데 어떠합니까?" 했을 때

대원이라면 "머리 밖을 일러 보여라." 해서 응대해 오는 것을 보아 대했을 것이다.

정주(汀州) 수당(水塘) 화상

수당 화상이 귀종에게 물었다.

"어디 사람인가?"

"진주(陳州) 사람입니다."

"몇 살인가?"

"스물두 살입니다."

"그대가 나기 전에 노승(老僧)이 왔다 갈 곳이라 하겠는가?"

귀종이 물었다.

"화상께서는 몇 살이십니까?"

대사가 불자를 세우니, 귀종이 말하였다.

"그것이 어찌 난 적이 있겠습니까?"

"알면 남〔生〕이 없느니라."

"아는 것이 아닙니다."

대사가 말이 없었다.

汀州水塘和尚。師勘歸宗。甚麼處人。歸宗云。陳州人。師云。多少年幾。歸宗云。二十二。師云。闍梨未生時老僧去來。歸宗云。和尚幾時生。師豎起拂子。歸宗云。遮箇豈有生耶。師云。會得即無生。歸宗云。未會在。師無語。

토끼뿔

“그것이 어찌 난 적이 있겠습니까?” 했을 때

대원은 “그렇거늘 그런 말도 있던가?” 하리라.
험.

고사(古寺) 화상

단하가 대사를 뵈러 왔다가 밤을 지내고 새벽이 되었는데, 죽이 끓어 익자 행자가 한 그릇을 떠서 대사께 드리고, 또 한 그릇은 떠다가 자기가 먹으면서 단하는 전혀 돌아보지도 않았다. 단하가 몸소 나가서 죽을 떠다 먹으니 행자가 말하였다.

"5경(更) 새벽을 무릅쓰고 일어났는데 밤에 다니는 사람이 있구나."

단하가 대사에게 물었다.

"어째서 저 행자를 가르치지 않아 저토록 무례하게 합니까?"

대사가 말하였다.

"깨끗한 땅의 남의 집 아들딸을 더럽힐 필요가 없소."

단하가 다시 말하였다.

"하마터면 이 노한에게 묻지 않고 지나칠 뻔했군요."

古寺和尙。丹霞參師經宿至明。旦煮粥熟。行者只盛一鉢與師。又盛一碗自喫。殊不顧丹霞。丹霞即自盛粥喫行者云。五更侵早起。更有夜行人。丹霞問師。何不教訓行者。得恁麼無禮。師云。淨地上不要點污人家男女。丹霞云。幾不問過這老漢。

토끼뿔

“5경(更) 새벽을 무릅쓰고 일어났는데 밤에 다니는 사람이 있구나.” 했을 때

대원은 “거기에도 오경의 나뉨이 있던가? 겨우 그러한 사람이니 밤에 다니는 사람이라는 말을 하지.” 하고, 행자가 어떻게 나오는지 살폈으리라.

강서(江西) 비수(椑樹) 화상

비수 화상이 잠시 누웠는데 도오(道吾)가 곁에 와서 이불을 끌어다 덮어 주니, 대사가 말하였다.

"무엇인가?"

도오가 대답하였다.

"이불을 덮어 드렸습니다."

"누운 것인가, 앉은 것인가?"

"이 두 곳에 있지 않습니다."

"이불을 덮고 있는 데야 어찌하겠는가?"

"함부로 말하지 마십시오."

대사가 불을 쬐는데, 도오가 물었다.

"무얼 하십니까?"

"화합한다."

江西椑樹和尚因臥次。道吾近前牽被覆之。師云。作麼。道吾云。蓋覆。師云。臥底是坐底是。道吾云。不在這兩處。師云。爭奈蓋覆何。道吾云。莫亂道。師向火次。道吾問。作什麼。師云。和合。

도오가 말하였다.
"그러다간 당두(當頭)[61]에서 탈락되겠습니다."
"그대는 얼마 동안이나 멀리 떨어져 있었는가?"
도오가 옷소매를 흔들고 가버렸다.

어느 날 도오가 밖에서 돌아오니, 대사가 물었다.
"어디를 갔다 오는가?"
"친근하고 옵니다."
"두 쪽 입술을 나불거려 무엇 하겠는가?"
"빌렸을 뿐입니다."
"그에게 있는 것은 네가 빌릴 수 있지만 없는 것을 어쩌겠느냐?"
"다만 있는 것이기에 빌렸을 뿐이라 했습니다."

道吾云。恁麼即當頭脫去也。師云。隔闊來多少時耶。道吾便拂袖而去。道吾一日從外歸。師問。什麼處去來。道吾云。親近來。師云。用簸這兩片皮作什麼。道吾云。借。師云。他有從汝借無作麼生。道吾云。只為有所以借。

61) 당두(當頭) : 절의 큰방에서 청산(青山), 백운(白雲) 등을 써 붙인 것.

 토끼뿔

(모두 읽고 나서 소평하기를)

두 분들이 서로 멱살을 잡고 진흙밭으로 드는 꼴이구나.

도대체 이 문중의 분들로써 화합이니, 탈락이니, 빌렸을 뿐이니, 관계없이 있는 것이니, 다만 있는 것이기에 빌렸을 뿐이니 하니 이 무슨 쥐뿔 같은 말들인가?

고요한 절 달밤에 이러-히 앉은 대로
고요히 분명해서 본래의 자연인데
무슨 일로 서풍이 동쪽 수풀 흔드는고?
기러기의 한 소리 창공에 번지누나

경조(京兆) 초당(草堂) 화상

초당 화상이 대적〔馬祖〕에게서 공부를 마치고 해창에게로 다니러 가니, 해창 화상이 물었다.

"어디서 왔는가?"

대사가 대답하였다.

"도량(道場)에서 옵니다."

"그 속이 어디인가?"

"도적도 텁지 않는 가난한 사람의 집입니다."

"한 법도 있기 전에는 이 몸이 어디에 있었는가?"

대사가 동그라미를 그리고 그 안에다 신(身)자를 썼다.

京兆草堂和尙。自罷參大寂。遊至海昌。海昌和尙問。什麼處來。師云。道場來。昌云。這裏什麼處。師云。賊不打貧人家。問未有一法時。此身在什麼處。師乃作一圓相於中書身字。

토끼뿔

"그 속이 어디인가?" 했을 때

대원이라면 말없이 보였으리라,
여러분, 어떻게 보이는 것을 말없이 보인다 하는가?
빨리 일러라, 빨리 일러.

원주(袁州) 양기산(陽岐山) 견숙(甄叔) 선사

견숙 선사가 법상에 올라 보이고 대중에게 말하였다.

“모든 신령함의 한 근원을 거짓이름으로 부처라 하는데, 몸이 흩어지고 형상이 다하여도 멸하지 않으며 금이 녹아서 흩어져도 영원히 존재한다.

성품의 바다에는 바람 없이도 황금물결이 스스로 솟고 신령스러운 마음은 징조라 할 것도 없이 만 가지 형상을 골고루 비추니, 이러한 이치를 체득한 이는 말함 없이 항하사 세계에 두루하고 작용함이 없는 공덕으로 현묘한 덕화를 더하거늘, 어찌하여 깨달음을 등지고 번뇌에 합하여서 오음(五陰)[62], 십팔계(十八界)에 망령되게 스스로 집착하여 갇혀 있는가?”

袁州陽岐山甄叔禪師。上堂示眾曰。群靈一源假名為佛。體竭形消而不滅。金流朴散而常存。性海無風金波自涌。心靈絕兆萬象齊昭。體斯理者。不言而遍歷沙界。不用而功益玄化。如何背覺反合塵勞。於陰界中妄自囚執。

62) 오음(五陰) : 일체 번뇌를 취하는 다섯 가지 요소. 색(色), 수(受), 상(想), 행(行) 식(識).

대사가 이 산에 올라와서 자리를 잡고 선원을 이루어 무리를 모아 놓고 설법을 한 것이 40여 년이었다.

당의 원화(元和) 15년 정월 13일에 입적하니, 화장한 뒤에 사리 700과를 얻어 동봉 밑에 탑을 세웠다.

師始登此山宴處。以至成院。聚徒演法四十餘年。唐元和十五年正月十三日歸寂。荼毘獲舍利七百粒。於東峯下建塔。

 토끼뿔

이러한 상당법음을 토한 이로서 40년간 교화를 했는데, 어찌 이 한 편의 상당법문만 실려 있는지 아쉬운 일이 아닐 수 없다.

여러분, 어떤 것이 이분의 크고 한가로운 영원한 황금의 물결인고?

장설이가 찻잔을 깨뜨리고
마조께 다시 들고 감사하니
이것이 이 황금의 물결일세

(또 읊기를)
마조께 한 번 밟힌 수로의 춤이고
원오의 이것이다 외쳐 나간 그것이며
무제 대신 달마를 일으킨단 대원의 그것일세

몽계(濛谿) 화상

몽계 화상에게 어떤 승려가 물었다.

"한 생각도 나지 않을 때에는 어떠합니까?"

대사가 말없이 보이자. 승려가 절을 하니 대사가 말하였다.

"그대는 어떻게 알았는가?"

"저는 끝내 부끄러움이 없을 수 없습니다."

"그대는 깨달았다 여기는구나."

"본분의 일을 어떻게 체득해 알았다 하겠습니까?"

"그대는 왜 묻지 않는가?"

승려가 물었다.

"대사께서 대답해 주십시오."

"그대가 도리어 잘 물었다."

그 승려가 껄껄 웃고 나가니, 대사가 말하였다.

"저 승려는 단지 영리할 뿐이다."

濛谿和尚。僧問。一念不生時如何。師良久。僧便禮拜。師云。汝且作麼生會。僧云。某甲終不無慚愧。師云。汝却信得及。問本分事如何體悉。師云。你何不問。僧云。請師答話。師云。你却問得好。其僧大笑而出。師云。只有這師僧靈利。

어떤 승려가 밖에서 들어왔는데 대사가 할(喝)을 하니, 승려가 말하였다.

"좋은 내력이군요."

"아직도 몽둥이가 필요하구나."

"안녕히 계십시오."

그리고는 곧 나가버리니, 대사가 말하였다.

"자유롭구나."

有僧從外來。師便喝。僧云。好箇來由。師云。猶要棒在。僧云。珍重。便出。師云。得能自在。

"그대는 왜 묻지 않는가?" 하니 "대사께서 대답해 주십시오." 했는데

그럴 것이 아니라 "지금까지 일러주셔서 감사합니다." 했어야 했다.

낙경(洛京) 흑간(黑澗) 화상

흑간 화상에게 어떤 승려가 물었다.
"어떤 것이 비밀한 방입니까?"
대사가 말하였다.
"귀를 막고 거리에 누워라."
"어떤 것이 비밀한 방안의 사람입니까?"
대사가 번갈아서 손으로 가슴을 두드렸다.

洛京黑澗和尚。僧問。如何是密室。師云。截耳臥街。僧云。如何是密室中人。師乃換手搥胸。

토끼뿔

대원이 대구 대안사에 있을 때, 장설봉 선사께서 홀연히 오셔서 물으시기를

"어떤 것이 비밀한 방인가?" 하시기에

대원이 "참!" 했더니 또 물으시기를

"어떤 것이 비밀한 방 안의 사람인가?" 하시기에

대원이 "좋다." 했는데

알겠는가? 일러봐라, 일러봐.

경조(京兆) 흥평(興平) 화상

동산(洞山)이 와서 절을 하니, 대사가 말하였다.
"늙어빠진 이에게 절을 하지 말라."
동산이 말하였다.
"늙어빠진 이에게 절한 것이 아닙니다."
"늙어빠지지 않는 것은 절을 받지 않느니라."
"그이에게는 제지할 것도 없습니다."

동산이 물었다.
"어떤 것이 옛 부처의 마음입니까?"
대사가 말하였다.
"그대의 마음이 바로 그것이다."
"아무리 그렇다 하여도 여전히 제가 의심이 됩니다."
"그렇거든 목인(木人)에게 가서 물어 봐라."

京兆興平和尚。洞山來禮拜。師云。莫禮老朽。洞山云。禮非老朽。師云。非老朽者不受禮。洞山云。他亦不止。洞山問。如何是古佛心。師云。即汝心是。洞山云。雖然如此。猶是某甲疑處。師云。若恁麼即問取木人去。

동산이 말하였다.

"저에게 있는 일구(一句)는 여러 성인의 입도 빌리지 않습니다."

대사가 말하였다.

"그대가 시험삼아 말해 봐라."

"저는 아닙니다."

동산이 하직을 고하니 대사가 물었다.

"어디로 가는가?"

"흐름을 따라 정처 없이 갑니다."

"법신이 흐름을 따르는가, 보신이 흐름을 따르는가?"

"전혀 그런 생각을 내지 않습니다."

대사가 이내 손뼉을 쳤다.[63)]

洞山云。某甲有一句子。不借諸聖口。師云。汝試道看。洞山云。不是某甲。洞山辭。師云。什麼處去。洞山云。沿流無定止。師云。法身沿流報身沿流。洞山云。總不作此解。師乃撫掌(保福云。洞山自是一家。乃別云。覓得幾人)。

63) 보복(保福)이 말하기를 "동산은 참으로 온통인 집일 뿐일세." 하고 이에 따로 말하기를 "몇 사람이나 찾아 얻었던가?" 하였다.

토끼뿔

"저에게 있는 일구(一句)는 여러 성인의 입도 빌리지 않습니다." 했을 때

"말해 봐라." 할 것이 아니라, "또 빌리는구나." 했어야 했다.

"흐름을 따라 정처 없이 갑니다." 했을 때

"그것도 흐름을 따름이니 말해 봐라."하며, 한 번 더 짚었어야 했다.

험.

소요(逍遙) 화상

소요 화상이 어느 날 선상에 앉았는데, 녹서(鹿西)라는 승려가 와서 물었다.

"생각생각마다 반연한다는데 마음마음이 영원히 적멸합니다."

대사가 말하였다.

"어제 해 저문 때 어떤 사람이 그렇게 말하더군."

"무어라 하셨다는 겁니까?"

"모르겠다."

"대사께서 말씀해 주십시오."

대사가 불자로 주둥이를 때리니, 녹서가 곧 나가버렸다.

대사가 대중에게 말하였다.

"정수리 문 위에 온통인 눈을 붙여라."

逍遙和尚。一日師在禪床上坐。有僧鹿西問云。念念攀緣心心永寂。師云。昨日晚間也有人恁麼道。西云。道箇什麼。師云。不知。西云。請師說。師以拂子驀口打。西便出。師告大眾云。頂門上著一隻眼。

토끼뿔

녹서가 나갈 때 "녹서야!" 하고 불러서 돌아보면
"마음마음이 이렇게 적멸하니라." 하며
주먹을 세워 보였어야 했다.

복계(福谿) 화상

복계 화상에게 어떤 승려가 물었다.

"옛거울에 티가 없을 때에 어떠합니까?"

대사가 말없이 보이자, 그 승려가 다시 물었다.

"대사의 뜻은 어떠하십니까?"

"산승이 귀가 먹었다."

그 승려가 앞의 일을 다시 물으니, 대사가 말하였다.

"아직도 비슷할 뿐이다."

그 승려가 물었다.

"어떤 것이 자기입니까?"

대사가 말하였다.

"그대는 무엇을 묻는가?"

"어찌 방편이 없으시겠습니까?"

"그대가 아까부터 무엇을 물었는가?"

"그렇게도 뒤바뀌십니까?"

福谿和尚。僧問。古鏡無瑕時如何。師良久。僧云。師意如何。師云。山僧耳背。僧又擧前問。師云。猶較些子。僧問。如何是自己。師云。你問什麼。僧云。豈無方便去也。師云。你適來問什麼。僧云。得恁麼顚倒。

대사가 말하였다.

“오늘은 응당 내 방망이를 맞아야 하겠구나.”

어떤 승려가 물었다.

“인연이 흩어져서 공(空)으로 돌아가면 공(空)은 어디로 돌아갑니까?”

대사가 말하였다.

“아무개여!”

그 승려가 대답을 하니, 대사가 말하였다.

“공(空)이 어디에 있는가?”

“대사께서 말씀해 주십시오.”

“페르시아〔波斯〕 사람이 후추열매를 먹는다.”

師云。今日合喫山僧手裏棒。僧問。緣散歸空空歸何所。師云。某甲。僧云。喏。師云。空在何處。僧云。却請師道。師云。波斯喫胡椒。

토끼뿔

"어찌 방편이 없으시겠습니까?" 했을 때

대원이라면 한 방망이 먹였을 것이다.

이 방망이를 보인 방망이라 하겠는가, 꾸짖는 방망이라 하겠는가? 바로 가려볼 줄 알아야 방편을 아는 이라 하리라.

홍주(洪州) 수로(水老) 화상

수로 화상이 처음에 마조에게 물었다
"어떤 것이 조사께서 서쪽에서 오신 분명한 뜻입니까?"
마조가 말하였다.
"절을 하라."
수로가 막 절을 할 적에 마조가 넘어뜨려 가슴을 한 번 밟았다. 이에 대사가 크게 깨닫고 벌떡 일어나 손뼉을 치면서 껄껄 웃고 말하였다.
"몹시도 기이하구나. 몹시도 기이해. 한 터럭 끝에서 백천 삼매와 한량없는 묘한 이치의 근원을 다 알았다."
그리고는 절을 하고 물러갔다.
대사가 주지가 된 후 대중에게 말하였다.
"한 번 마조 대사의 발길에 밟힌 후 지금까지 웃음을 그친 적이 없다."

洪州水老和尚。初問馬祖。如何是西來的的意。祖云。禮拜著。師纔禮拜祖乃當胸蹋倒。師大悟。起來撫掌呵呵大笑云。也大奇。也大奇。百千三昧無量妙義。只向一毛頭上便識得根源去。便禮拜而退。師住後告眾云。自從一喫馬師蹋。直至如今笑不休。

어떤 승려가 동그라미를 만들어서 손으로 대사의 몸에 뿌리니, 대사가 세 번 튕기고, 또 동그라미를 그리어 그 승려를 가리켰다.

그 승려가 절을 하니, 대사가 때리면서 말하였다.

"이 허풍쟁이야."

승려가 물었다.

"어떤 것이 사문의 행입니까?"

"움직였다 하면 그림자가 나타나고, 지각했다 하면 엉긴 것이 생긴다."

어떤 승려가 물었다.

"어떤 것이 불법의 대의입니까?"

대사가 손뼉을 치면서 껄껄 크게 웃었다.

그는 무리를 제접할 때에 보통 이러하였다.

有僧作一圓相。以手撮向師身上師乃三撥。亦作一圓相却指其僧。僧便禮拜師打云。遮虛頭漢。問如何是沙門行。師云。動則影現覺則冰生。問如何是佛法大意。師乃撫掌呵呵大笑。凡接機大約如此。

토끼뿔

대사가 세 번 튕기고, 또 동그라미를 그리어 그 승려를 가리켰을 때

대원이라면 "내 오늘 한 일이 오이집에 오이를 팔려는 일이나 했구려." 하며 춤을 추며 나왔을 것이다.

부배(浮盃) 화상

능행파(凌行婆)라는 노파가 와서 절을 하고 대사와 마주 앉아 차를 마셨다.

노파가 물었다.

"힘을 다해도 말할 수 없는 구절은 누구에게 전해 주시겠습니까?"

"부배는 군말을 하지 않는다."

노파가 말하였다.

"나라면 그렇게 말하지 않겠습니다."

대사가 다시 앞의 말로써 노파에게 물으니, 노파가 땅을 치면서 곡을 하였다.

"아이고! 이보다 더 원통할 수가…."

대사가 말이 없자 노파가 말하였다.

"말의 치우침과 올바름을 모르고, 이치의 삿됨과 뒤바뀜도 모르면서 남을 가르치면 재앙만 생길 뿐입니다."

浮盃和尚。有凌行婆來禮拜師師與坐喫茶。行婆乃問云。盡力道不得底句。還分付阿誰。師云。浮盃無剩語。婆云。某甲不恁麼道。師遂舉前語問婆。婆斂手哭云。蒼天中間更添冤苦。師無語。婆云。語不知偏正。理不識倒邪。為人即禍生也。

나중에 어떤 승려가 남전에게 고하니, 남전이 말하였다.
"가엾구나. 부배여! 그 노파에게 부서져 꺾였구나."
노파가 후에 남전이 이렇게 말한 것을 듣고 웃으며 말하였다.
"왕노사(王老師)까지도 얼마간 심중의 책략이 있구나."
유주(幽州)에 징일(澄一)이라는 선객이 있었는데 능행파를 만나 물었다.
"어째서 남전 화상께서 그렇게 일렀는데 왕노사까지도 얼마간 심중의 책략이 있다고 했소?"
노파가 통곡하면서 말하였다.
"슬프고 애통하구나."
선객이 어리둥절하사 이때에 노파가 물었다.
"아시겠소?"
선객이 합장하고 물러나니, 노파가 말하였다.
"저 따위 죽은 선객이 삼대 같고 좁쌀 같다."[64)]

後有僧擧似南泉。南泉云。苦哉浮盃。被老婆摧折。婆後聞南泉恁道。笑云王老師猶少機關在。有幽州澄一禪客。逢見行婆乃問云。怎生南泉恁道猶少機關在。婆乃哭云。可悲可痛。禪客罔措。婆乃問云會麼。禪客合掌而退。婆云。伎死禪和如麻似粟。

64) 승려가 수행을 했으나 도를 얻지 못한 것이 밭의 삼이나 좁쌀처럼 많다는 뜻이다.

나중에 징일이라는 선객이 조주에게 이야기를 하니, 조주가 말하였다.

"내가 만일 그 냄새 나는 늙은이를 보았더라면 물어서 벙어리를 만들었을 것이다."

징일이 조주에게 물었다.

"화상이시라면 그에게 어떻게 물으시겠습니까?"

조주가 몽둥이로 때리면서 말하였다.

"이 따위 죽은 놈을 이제 때리지 않으면 언제 때리겠는가?"

그리고는 몇 차례를 거듭 때렸다.

노파가 또 조주가 한 말을 듣고 말하였다.

"조주야말로 스스로 마땅히 이 능행파의 몽둥이를 맞아야겠다."

나중에 어떤 승려가 조주에게 이야기하니, 조주가 통곡을 하면서 말하였다.

"슬프고 애통하구나!"

後澄一禪客擧似趙州。趙州云。我若見這臭老婆問教口啞却。澄一問趙州云。未審和尚怎生問他。趙州以棒打云。似這箇伎死漢。不打待幾時。連打數棒。婆又聞趙州恁道云。趙州自合喫婆手裏棒。後僧擧似趙州。趙州哭云。可悲可痛。

노파가 조주의 이 말을 듣고 합장하고 탄복하면서 말하였다.

“조주 선사는 눈에서 광명을 놓아 사천하를 비추어 부수었구나.”

나중에 조주가 승려를 시켜 노파에게 “어떤 것이 조주의 눈인가?” 하고 물으니, 노파가 주먹을 곧두세웠다.

조주가 이 말을 듣고 게송 하나를 지어서 노파에게 보냈다.

기틀을 만나 올바른 면목으로 응하니
올바른 면목이라 기틀에 응함이 재빠르구나
그대, 능행파에게 전하노니
통곡 소리에 무슨 얻고 잃음이 있겠는가

노파가 게송으로 조주에게 대답하였다.

婆聞趙州此語。合掌歎云。趙州眼放光明照破四天下也。後趙州教僧去問婆云。怎生是趙州眼。婆乃豎起拳頭。趙州聞乃作一頌。送凌行婆云。

當機直面提
直面當機疾
報你凌行婆
哭聲何得失

婆以頌答趙州云。

통곡 소리는 스님이 이미 밝혔으나
이미 밝은 것은 누가 또 아는가
부처님 당시의 마갈타에서도
눈앞에 기틀이 몇이나 상했던가

哭聲師已曉
已曉復誰知
當時摩竭國
幾喪目前機

토끼뿔

"힘을 다해도 말할 수 없는 구절은 누구에게 전해 주시겠습니까?" 했을 때

"오경 초에 가장 먼저 만난 그에게 전했소." 했더라면 그 뒤의 구구한 일들이 없었을 걸….

험.

담주(潭州) 용산(龍山)[65] 화상

용산 화상이 어떤 승려에게 물었다.

"어디서 오는가?"

"노스님 계신 곳에서 옵니다."

"노스님께서 무슨 말씀을 하시던가?"

"말이 있었다고 하자면 천 구절 만 구절이요, 말이 없었다고 하자면 한 글자도 없습니다."

"그렇다면 파리가 알을 낳았구나."

그 승려가 절을 하자, 대사가 곧 때렸다.

동산 양개 화상이 행각을 하다가 길을 잃어서 용산에 이르러 참례를 하니, 대사가 물었다.

潭州龍山和尚(亦云隱山)。問僧。什麼處來。僧云。老宿處來。師云。老宿有何言句。僧云。說即千句萬句。不說即一字也無。師云。恁麼即蠅子放卵。其僧禮拜。師便打之。洞山价和尚行脚時。迷路到山因參禮次。師問。

65) 또한 은산(隱山)이라고도 한다. (원주)

"이 산에는 길이 없는데 그대는 어디로 오셨소?"

동산이 말하였다.

"길이 없는 것은 그만두고, 화상께서는 어디로 들어오셨습니까?"

대사가 말하였다.

"나는 행각한 적이 없소."

"화상께서 이 산에 계신 지 얼마나 됩니까?"

"봄과 가을을 거치지 않았소."

"이 산이 먼저 살았습니까, 화상께서 먼저 살았습니까?"

"모르겠소."

"왜 모르시나요?"

"나는 인간과 하늘을 위해서 온 것도 아니오."

동산이 다시 물었다.

"어떤 것이 손(賓) 가운데의 주인입니까?"

대사가 말하였다.

"여러 해를 문 밖에 나선 적이 없소."

此山無路闍梨向什麼處來。洞山云。無路且置。和尚從何而入。師云。我不曾雲水。洞山云。和尚住此山多少時耶。師云。春秋不涉。洞山云。此山先住和尚先住。師云。不知。洞山云。為什麼不知。師云。我不為人天來。洞山却問。如何是賓中主。師云。長年不出戶。

동산이 물었다.

“어떤 것이 주인 가운데의 손(賓)입니까?”

대사가 말하였다.

“푸른 하늘에 흰 구름이 덮였소.”

“손과 주인과의 거리는 얼마입니까?”

“끝없는 강 위의 파도요.”

“손과 주인이 만나면 무슨 말을 합니까?”

“맑은 바람이 보름달에 산들거리오.”

동산이 다시 물었다.

“화상께서는 어떤 도리를 보셨기에 이 산에 사십니까?”

대사가 말하였다.

“나는 두 진흙 소가 싸우면서 바다로 들어가는 것을 보았는데 아직까지 아무런 소식이 없소.”

대사는 이어서 게송을 읊었다.

洞山云。如何是主中賓。師云。青天覆白雲。洞山云。賓主相去幾何。師云。長江水上波。洞山云。賓主相見有何言說。師云。清風拂白月。洞山又問。和尚見箇什麼道理便住此山。師云。我見兩箇泥牛鬪入海直至如今無消息。師因有頌云。

언제나 삼간초옥에서 사노라니
한 줄기 신령한 빛 일만 가지 경계에 한가롭다
옳고 그름을 가지고 나와 따지려 하지 말라
허망한 중생의 시비와는 상관이 없다

三間茅屋從來住
一道神光萬境閑
莫作是非來辨我
浮生穿鑿不相關

토끼뿔

“어디서 오는가?” 묻자 “노스님 계신 곳에서 옵니다.” 하니
“노스님께서 무슨 말씀이 계시던가?” 했을 때

“백두산 돌머리는 희다 했소.” 했더라면
아무리 용산 화상이라 하더라도 두 입술이 붙어 떼지를 못했을 것을….

양주(襄州) 방온(龐蘊) 거사

방 거사는 형주(衡州) 형양현 사람으로 자(字)는 도현(道玄)이다. 대대로 유교의 도로써 업을 삼았으나 거사는 어릴 적에 번뇌가 고통임을 깨닫고 참된 진리를 힘써 구하였다.

당의 정원(貞元) 초에 석두 화상을 만나 말을 잊고 요지를 깨달았으며, 다시 단하 선사와 도반을 맺었다.

어느 날 석두가 물었다.

"그대가 나를 만난 뒤에 날마다 하는 일이 무엇인가?"

"날마다 하는 일을 물으신다면 입을 열 곳도 없습니다."

그리고는 다시 게송을 지어 석두에게 바쳤다.

襄州居士龐蘊者。衡州衡陽縣人也。字道玄。世以儒為業。而居士少悟塵勞志求真諦。唐貞元初謁石頭和尚忘言會旨。復與丹霞禪師為友。一日石頭問曰。子自見老僧已來日用事作麼生。對曰。若問日用事即無開口處。復呈一偈云。

날마다 하는 일, 다른 것 없어서
오직 나 스스로와 스스로 만나질 뿐
경계와 경계마다 취하고 버림 없어
곳곳마다 세우고 무너질 것 없습니다

바르니 삿되니〔朱紫〕[66] 그 누가 이름하랴
언덕과 산이라 하나 티끌도 없습니다
신통과 묘용이라 말하는 것들이
물 긷고 나무하는 이 일일 뿐입니다

日用事無別
唯吾自偶諧
頭頭非取捨
處處勿張乖
朱紫誰為號
丘山絕點埃
神通并妙用
運水及搬柴

66) 주자(朱紫) : 원문의 주자(朱紫)는 직역하면 '붉은 빛과 자줏빛'을 뜻하는데, 주(朱)는 정색(正色)이고, 자(紫)는 간색(間色)인 데에서, 정(正)과 사(邪), 선인과 악인을 이르는 말로 쓰였다.

석두 선사가 수긍하고 말하였다.

"그대는 승려가 되겠는가, 속인으로 있겠는가?"[67]

방 거사가 말하였다.

"곳을 따라 탐하기를 바라겠습니까?"

이리하여 그는 삭발도 하지 않고 승복도 입지 않았다.

나중에 강서(江西)에 가서 마조를 뵙고 물었다.

"만법과 더불어 짝하지 않는 사람은 어떤 사람입니까?"

"그대가 한 입에 서강의 물을 다 마셔버리면 그대에게 말해 주리라."

방 거사가 그 말끝에 단박에 현묘한 요지를 깨닫고 곁에 머물러 배우면서 2년을 지내고 나서 게송을 지었다.

石頭然之曰。子以緇耶素耶。居士曰。願從所慕遂不剃染。後之江西參問馬祖云。不與萬法為侶者是什麼人。祖云。待汝一口吸盡西江水即向汝道。居士言下頓領玄要。乃留駐參承經涉二載。有偈曰。

---

67) 원문의 치야소야(緇耶素耶)에서 치(緇)는 승려를 뜻하고, 소(素)는 속인을 뜻한다.

아들이 있으나 장가들지 않았고
딸이 있지만 시집가지 않았네
온 집안이 다 함께 화목한 가운데
무생의 이야기로 다 같이 즐긴다네

이로부터 기지와 변재가 민첩해져서 제방에 알려졌다. 일찍이 강원을 찾아다니면서『금강경』듣기를 좋아했는데, '나도 없고 남도 없다'는 대목에 이르자 강사에게 물었다.

"좌주님, '이미 나도 없고 남도 없다'고 한다면 대체 누가 강의하고 누가 듣는단 말이오?"

좌주가 대답하지 못하니 방 거사가 말하였다.

"내가 비록 속인이지만 조금 믿어 압니다."

"거사님은 어떻게 생각하시오?"

有男不婚
有女不嫁
大家團欒頭
共說無生話

自爾機辯迅捷諸方嚮之。嘗遊講肆隨喜金剛經。至無我無人處。致問曰。座主既無我無人。是誰講誰聽。座主無對。居士曰。某甲雖是俗人粗知信向。座主曰只如居士意作麼生。

방 거사가 게송 하나를 지어 보였다.

'나'도 없고 '남'도 없는 마당에
가깝고 멀고가 있겠는가
강의장 순회 따위 그만두기를 그대에게 권하노니
곧바로 진리를 구함만 못하네

금강반야의 성품에는
한 티끌도 없어서
내가 듣고 믿어 받아 지니면
모두가 거짓 이름을 늘어놓았을 뿐이네

居士乃示一偈云。
無我復無人
作麼有疎親
勸君休歷坐
不似直求真
金剛般若性
外絕一纖塵
我聞并信受
總是假名陳

좌주는 이 게송을 듣고 기뻐하며 우러러 감탄하였다.

방 거사가 가는 곳마다 노숙들이 많이 모였는데, 묻고 대답하는 것이 모두 근기에 맞추어 메아리가 응하듯 할 뿐 격식 같은 것에 얽매이지 않았다.

원화(元和) 때에 북쪽으로 양한(襄漢) 지방에 노닐면서 아무 곳에나 살았으니, 혹은 봉령(鳳嶺)이나 녹문(鹿門)에 살고 혹은 저자나 마을에도 살았다.

처음에는 동암(東巖)에 살다가 나중에 곽서(郭西)의 오막살이에 살았는데, 영조(靈照)라는 딸 하나가 있어 항상 따라다니면서 대로 조리를 엮어 팔아 끼니를 이었다.

방 거사가 이런 게송을 지었다.

마음이라 하지만 이러-할 뿐이요
경계라 하지만 역시 이러-할 뿐이어서
실다움도 없고 헛될 것도 없다

座主聞偈欣然仰歎。居士所至之處老宿多往。復問醻皆隨機應響。非格量軌轍之可拘也。元和中北遊襄漢隨處而居或鳳嶺鹿門。或廛市閭巷。初住東巖後居郭西小舍。一女名靈照。常隨製竹漉籬令鬻之以供朝夕。有偈曰。

心如境亦如
無實亦無虛

있다고 하는 것도 관계할 것 없고
없다고 하는 데도 구애될 것이 없으면
성현이라고 할 것마저 없어서
일 마친 범부일 뿐이니라
쉽고도 쉽구나
오온이 곧 참 지혜인 것을
시방세계도 같은 일승(一乘)[68]이거늘
형상 없는 법신에 어찌 둘이 있으랴
번뇌를 버리고 보리에 들어간다 하면
부처를 알지 못하는 것일세

有亦不管
無亦不居
不是賢聖
了事凡夫
易復易
即此五蘊有真智
十方世界一乘同
無相法身豈有二
若捨煩惱入菩提
不知何方有佛地

68) 일승(一乘) : 일체 중생을 구제하여 성불하게 하는 유일한 가르침.

방 거사가 열반에 들려할 때에 딸 영조에게 해가 어느 때쯤 되었는지를 보고 오라고 하니, 딸이 들어와서 바로 알렸다.

"해가 한나절이기는 하나 일식을 합니다."

방 거사가 문을 열고 나와서 살피는 틈에 영조가 아버지의 자리에 앉아 합장하고 열반에 들었다. 이를 보고 방 거사가 웃으며 말하였다.

"우리 딸의 예리한 기상이 민첩하구나."

그리하여 다시 7일을 연기하였는데 군수〔州牧〕 우공이 문병을 왔기에 그에게 말하였다.

"부디 원컨대 일체 있다고 하는 바가 공하니, 일체 없다고 하는 바도 실답다고 마십시오. 잘 계시오. 세간이 모두 그림자나 메아리와 같은 거요."

말을 마치자 우공의 무릎을 베고서 입적하였다. 유언에 따라 화장을 한 후 재를 뿌렸다.

居士將入滅。令女靈照出視日早晚及午以報。女遽報曰。日已中矣。而有蝕也。居士出戶觀次。靈照即登父座合掌坐亡居士笑曰。我女鋒捷矣。於是更延七日。州牧于公問疾次。居士謂曰。但願空諸所有。慎勿實諸所無。好住世間皆如影響。言訖枕公膝而化。遺命焚棄。

강호(江湖)의 승속이 모두 슬퍼하면서 "선문의 방 거사는 비야리의 유마 거사다."라고들 말하였다.

그의 시게(詩偈) 300여 편이 세상에 전한다.

江湖緇白傷悼。謂禪門龐居士即毘耶淨名矣。有詩偈三百餘篇傳於世。

토끼뿔

칭찬을 하려 해도 입댈 곳이 없으며
그리려고 애써도 붓댈 곳이 없는 이일세
거사의 일상들이 이러-할 뿐이라서

색 인 표

색 인 표

색 인 표

색 인 표

색 인 표

색 인 표

부록은 농선 대원 선사님의 인가 내력과 법어 그리고 대원 선사님께서 직접 작사하신 노래 가사를 실었다. 특히 요즘 선지식 없이 공부하는 이들을 위하여 수행의 길로부터 불보살님의 누림까지 닦아 증득할 수 있도록 '부록4'에 '가슴으로 부르는 불심의 노래' 가사를 담았으니, 끝까지 정독하여 수행의 요긴한 지침이 되기를 바란다.

부 록

농선 대원 선사님 인가 내력

제 1 오도송

이 몸을 끄는 놈 이 무슨 물건인가?
골똘히 생각한 지 서너 해 되던 때에
쉬이하고 불어온 솔바람 한 소리에
홀연히 대장부의 큰 일을 마치었네

무엇이 하늘이고 무엇이 땅이런가
이 몸이 청정하여 이러-히 가없어라
안팎 중간 없는 데서 이러-히 응하니
취하고 버림이란 애당초 없다네

하루 온종일 시간이 다하도록
헤아리고 분별한 그 모든 생각들이
옛 부처 나기 전의 오묘한 소식임을
듣고서 의심 않고 믿을 이 누구인가!

此身運轉是何物
疑端汨沒三夏來
松頭吹風其一聲
忽然大事一時了

何謂靑天何謂地
當體淸淨無邊外
無內外中應如是
小分取捨全然無

一日於十有二時
悉皆思量之分別
古佛未生前消息
聞者卽信不疑誰

대원 선사님의 스승이신 불조정맥 제77조 조계종(曹溪宗) 전강(田岡) 대선사님께서 1962년 대구 동화사의 조실로 계실 당시 대원 선사님께서도 동화사에 함께 머무르고 계셨다.

하루는 전강 대선사님께서 대원 선사님의 3연으로 되어 있는 제1오도송을 들어 깨달은 바는 분명하나 대개 오도송은 짧게 짓는다고 말씀하셨다. 이에 대원 선사님께서는 제1오도송을 읊은 뒤, 도솔암을 떠나 김제들을 지나다가 석양의 해와 달을 보고 문득 읊었던 제2오도송을 일러드렸다.

제 2 오도송

해는 서산 달은 동산 덩실하게 얹혀 있고
김제의 평야에는 가을빛이 가득하네
대천이란 이름자도 서지를 못하는데
석양의 마을길엔 사람들 오고 가네

日月兩嶺載同模
金提平野滿秋色
不立大千之名字
夕陽道路人去來

제2오도송을 들으신 전강 대선사님께서는 이에 그치지 않고 그와 같은 경지를 담은 게송을 이 자리에서 즉시 한 수 지어볼 수 있겠냐고 하셨다. 대원 선사님께서는 곧바로 다음과 같이 읊으셨다.

바위 위에는 솔바람이 있고
산 아래에는 황조가 날도다

대천도 흔적조차 없는데
달밤에 원숭이가 어지러이 우는구나

岩上在松風
山下飛黃鳥
大千無痕迹
月夜亂猿啼

전강 대선사님께서는 위 송의 앞의 두 구를 들으실 때만 해도 지그시 눈을 감고 계시다가 뒤의 두 구를 마저 채우자 문득 눈을 뜨고 기뻐하는 빛이 역력하셨다.

그러나 전강 대선사님께서는 여기에서도 그치지 않고 다시 한 번 물으셨다.

"대중들이 자네를 산으로 불러내어 그 중에 법성(향곡 스님 법제자인 진제 스님. 동화사 선방에 있을 당시에 '법성'이라 불렸고, 나중에 '법원'으로 개명하였다.)이 달마불식(達磨不識) 도리를 일러보라 했을 때 '드러났다'라고 답했다는데, 만약에 자네가 당시의 양무제였다면 '모르오'라고 이르고 있는 달마 대사에게 어떻게 했겠는가?"

대원 선사님께서 답하셨다.

"제가 양무제였다면 '성인이라 함도 서지 못하나 이러-히 짐의 덕화와 함께 어우러짐이 더욱 좋지 않겠습니까?' 하며 달마 대사의 손을 잡아 일으켰을 것입니다."

전강 대선사님께서 탄복하며 말씀하셨다.

"어느새 그 경지에 이르렀는가?"

"이르렀다곤들 어찌하며, 갖추었다곤들 어찌하며, 본래라곤들 어찌하리까? 오직 이러-할 뿐인데 말입니다."

대원 선사님께서 연이어 말씀하시자 전강 대선사님께서 이에 환희하시니 두 분이 어우러진 자리가 백아가 종자기를 만난 듯, 고수명창 어울리듯 화기애애하셨다.

달마불식 공안에 대한 위의 문답은 내력이 있는 것이다. 전강 대선사님께서 대원선사님을 부르시기 며칠 전에, 저녁 입선 시간 중에 노장님 몇 분만이 자리에 앉아있을 뿐 자리가 텅텅 비어 있었다고 한다.

대원 선사님께서 이상히 여기고 있던 중, 밖에서 한 젊은 수좌가 대원선사님을 불렀다. 그 수좌의 말이 스님들이 모두 윗산에 모여 기다리고 있으니 가자고 하기에 무슨 일인가 하고 따라가셨다.

그러자 그 자리에 있던 법성 스님이 보자마자 달마불식 법문을 들고 이르라고 하기에 지체없이 답하셨다.

"드러났다."

곁에 계시던 송암 스님께서 또 안수정등 법문을 들고 물으셨다.

"여기서 어떻게 살아나겠소?"

대뜸 큰소리로 이르셨다.

"안·수·정·등."

이에 좌우에 모인 스님들이 함구무언(緘口無言)인지라 대원 선사님께서는 먼저 그 자리를 떠나 내려와 버리셨다.

그 다음날 입승인 명허 스님께서 아침 공양이 끝난 자리에서 지난 밤 입선시간 중에 무단으로 자리를 비운 까닭을 묻는 대중 공사를 붙여산 중에서 있었던 일들이 낱낱이 드러나고 말았다. 그리하여 입선시간 중에 자리를 비운 스님들은 가사 장삼을 수하고 조실인 전강 대선사님께 참회의 절을 했던 일이 있었다.

전강 대선사님께서는 이때에 대원 선사님께서 달마불식 도리에 대해 일렀던 경지를 점검하셨던 것이다.

이런 철저한 검증의 자리가 있었던 다음 날, 전강 대선사님께서 부르시기에 대원 선사님께서 가보니 모든 것이 약조된 데에서 주지인 월산(月山) 스님께서 입회해 계셨으며 전강 대선사님께서는 곧바로 다음과 같이 전법게(傳法偈)를 전해주셨다.

전 법 게

부처와 조사도 일찍이 전한 것이 아니거늘
나 또한 어찌 받았다 하며 준다 할 것인가
이 법이 2천년대에 이르러서
널리 천하 사람을 제도하리라

佛祖未曾傳
我亦何受授
此法二千年
廣度天下人

덧붙여 이 일은 월산 스님이 증인이며 2000년까지 세 사람 모두 절대 다른 사람이 알게 하거나 눈에 띄게 하지 않아야 한다고 당부하셨다.

만약 그러지 않을 시에는 대원 선사님께서 법을 펴 나가는데 장애가 있을 것이라고 예언하셨다. 또한 각별히 신변을 조심하라 하시고 월산 스님에게 명령해 대원선사님을 동화사의 포교당인 보현사에 내려가 교화에 힘쓰게 하셨다.

대원 선사님께서 보현사로 떠나는 날, 전강 대선사님께서는 미리 적어두셨던 부송(付頌)을 주셨으니 다음과 같다.

부 송

어상을 내리지 않고 이러-히 대한다 함이여
뒷날 돌아이가 구멍 없는 피리를 불리니
이로부터 불법이 천하에 가득하리라

不下御床對如是
後日石兒吹無孔
自此佛法滿天下

위의 게송에서 '어상을 내리지 않고 이러-히 대한다 함이여'라는 첫째 줄 역시 내력이 있는 구절이다.

전에 대원 선사님께서 전강 대선사님을 군산 은적사에서 모시고 계실 당시 마당에서 홀연히 마주쳤을 때 다음과 같은 문답이 있었다.

전강 대선사님께서 물으셨다.

"공적(空寂)의 영지(靈知)를 이르게."

대원 선사님께서 대답하셨다.

"이러-히 스님과 대담(對談)합니다."

"영지의 공적을 이르게."

"스님과의 대담에 이러-합니다."

"어떤 것이 이러-히 대담하는 경지인가?"

"명왕(明王)은 어상(御床)을 내리지 않고 천하 일에 밝습니다."

위와 같은 문답 중에 대원 선사님께서 답하신 경지를 부송의 첫째 줄에 담으신 것이다.

전강 대선사님께서 대원선사님을 인가(印可)하신 과정을 볼 때 한 번, 두 번, 세 번을 확인하여 철저히 점검하신 명안종사의 안목에 탄복하지 않을 수 없으며 이에 끝까지 1초의 머뭇거림도 없이 명철하셨던 대원선사님께 찬탄하지 않을 수 없다.

그리하여 법열로 어우러진 두 분의 자리가 재현된 듯 함께 환희용약하지 않을 수 없다.

이제 전강 대선사님과 약속한 2천년대를 맞이하였으므로 여기에 전법게를 밝힌다.

이로써 경허, 만공, 전강 대선사님으로 내려온 근대 대선지식의 정법의 횃불이 이 시대에 이어져 전강 대선사님의 예언대로 불법이 천하에 가득할 것이다.

농선 대원 선사님 법어

깨달음은 실증실수다. 그러나 지금의 불교가 잘못된 견해와 지식으로 불조의 가르침을 왜곡하고 견성성불 하고자 애쓰는 수행인들을 오히려 길을 잃고 헤매게 하고 있다.

그래서 이 장에서는 대원 선사님의 혜안으로 제방에서 논의되는 불교의 핵심적인 대목을 밝혀, 불조의 근본 종지를 드러내고 불교가 나아가야 할 바를 보였다.

깨달음의 정수를 담은 12게송은 실제 깨닫지 못하고 말로만 깨달음을 말하거나 혹은 깨달았다 해도 보림이 미진한 이들을 경계하게 하며 실증의 바탕에서 닦아 증득할 수 있도록 하였으니, 생사를 결단하고 본연한 참나를 회복하려는 이들에게 칠흑 같은 밤길에 등불과 같은 길잡이가 될 것이다.

오후보림

설사 깨달음을 성취했다 해도 그것은 공부의 끝이 아니다. 오후보림을 통해 업을 다해야만 육신통을 자재할 수 있게 되는 것이다. 일상에 육신통을 자재하는 구경본분의 경지일 때 비로소 공부를 마쳤다 할 것이다.

개유불성

부처님께서 분명히 준동함령 개유불성(蠢動含靈 皆有佛性)이라고 하셨다. 이것은 모든 만물이 다 부처가 될 성품을 갖고 있다는 뜻이다. 불성이 하나라고 주장하는 목소리가 불교계에 드높으나 이것은 개유불성 즉, 낱낱이 제 불성은 제가 지니고 있다는 부처님의 말씀을 정면으로 어기는 말이다.

옛 선사님 말씀에 '천지(天地)가 여아동근(與我同根)이고 만물(万物)이 여아일체(與我一切)'라고 했다. '천지가 여아동근이다' 라는 것은 하늘 땅이 나와 더불어 같은 뿌리라는 말이다.

'나와 더불어'라고 했고 또한 한 뿌리가 아니라 같은 뿌리라고 했다. '더불 여(與)'자와 '같을 동(同)'자가 이미 하나라 할 수 없다는 것을 말해주고 있다. 즉 이 말은 하나와도 같다, 한결같이 똑같다는 말이다. 하나라면 '같을 동'자 뿐만 아니라 일이란 글자도 설 수 없다. 일은 이가 있을 때에야 비로소 설 수 있는 것이다.

그러므로 '천지가 여아동근이다' 즉 하늘과 땅이 나와 더불어 같은 뿌리라는 것은 모든 것이 한결같이 가없는 성품 자체에서 비롯되었다는 말이다.

또한 '만물이 여아일체이다' 즉 만물이 나와 더불어 한 몸이라는 말에서 일체란 하나의 몸을 말하는 것이 아니라 모든 불성이 가없는 성품 자체로 서로 상즉한 온통인 몸을 말하는 것이어서 만물이 나와 더불어 상즉한 자체를 말한 것이다.

공부를 많이 한 사람이 외도에 깊이 떨어지는 경우가 있다. 인가를 받지 못한 선지식들이 모두 체성을 보지 못한 이는 아니다. 가없는 성품 자체에 사무치고 보니 도저히 둘일 수가 없으므로 불성이 하나라고 한 것이다. 그러나 불성이 하나라고 하는 것은 바른 깨달음이 아니다. 그래서 인가를 받지 않으면 외도라 하는 것이다. 체성에 사무쳤다 해도 스승의 지도를 받아 일체종지를 이루지 못하면 이런 큰 허물을 짓는 것이다.

만약 불성이 하나라고 하는 이가 있으면 "아픈 것을 느끼는 것이 몸뚱이냐, 자성이냐?"라고 물어야 한다. 그러면 당연히 누구나 자성이라고 답할 것이다. 만약 몸뚱이가 아픔을 느끼는 것이라면 시체도 아픔을 느껴야 하기 때문이다. 이렇게 볼 때에 자성이 하나라면 누군가 아플 때 동시에 모두 아픔을 느껴야 할 것이다. 또한 한 사람이 생각을 일으킬 때 이를 모두 알아야 한다. 불성이 하나라면 마음도 하나여서 다른 마음이 있을 수 없기 때문이다.

돈오돈수

제방에 돈오돈수(頓悟頓修)에 대한 여러 가지 서로 다른 주장으로 시비가 끊어지지 않고 있다. 이로 인해 수행자들이 견성하면 더 이상 닦을 것이 없다는 그릇된 견해에 집착하거나 의심을 일으킬까 염려하여 여기에 바른 돈오돈수의 이치를 밝히고자 한다.

견성이 곧 돈오돈수라고 하는 분들이 많다.

그러나 견성이 곧 구경지인 성불이라면 돈오면 그만이지 돈수란 말은 왜 해놓았겠는가?

또한 오후보림(悟後保任)이라는 말은 무슨 말인가.

금강경에는 네 가지 상(我相, 人相, 衆生相, 壽者相)만 여의면 곧 중생이 아니라는 말이 수없이 되풀이되고 있다.

그런데 제구 일상무상분(第九 一相無相分)을 볼 때 다툼이 없는(곧 모든 상을 여읜) 삼매인(三昧人) 가운데 제일인 아라한도 구경지가 아니니 보살도를 닦아 등각을 거쳐야 구경성불인 묘각지에 이르른다는 사실을 알 수 있다.

또한, 제이십삼 정심행선분(第二十三 淨心行善分)을 보면 부처님께서 "아도 없고, 인도 없고, 중생도 없고, 수자도 없는 가운데 모든 선법(善法)을 닦아야 곧 아뇩다라삼먁삼보리를 얻는다."라고 말씀하시고 있으니 이것은 다름이 아니라 견성한 후에 견성을 한 지혜로써 항상 체성을 여의지 않고, 남은 업을 모두 닦아 본래 갖춘 지혜덕상을 원만하게 회복시켜야 구경성불할 수 있다는 말씀이다.

그렇다면 어째서 돈수일까?

'돈'이란 시공이 설 수 없는 찰나요, '수'란 시간과 공간 속에서 닦는 것이다.

단박에 마친다면 '돈'이면 그만이고, 견성 이전이든 이후든 닦음이 있다면 '수'라고만 할 것이지 어째서 돈과 수가 함께 할 수 있을까? 그야말로 물의 차고 더움은 그 물을 마셔본 자만이 알듯이 깨달은 사람만이 알 것이다.

사무쳐 깨닫고 보니 시공이 서지 않아 이러-히 닦아도 닦음이 없으니 네 가지 상이 없는 가운데 모든 선법을 닦는 것이요, 단박에 깨달으니 색공(色空)이 설 수 없어 이러-한 경지에서 닦음 없이 닦으니 네 가지 상이 없는 가운데 모든 선법을 닦는 것이다.

이와 같이 깨달아서 깨달은 바 없고, 닦아서는 닦은 바 없이 닦아, 남음이 없는 구경지인 성불에 이르는 과정을 돈오돈수라 한다.

견성하면 마음 이외의 다른 물건이 없는 경지인데 어떻게 닦음이 있을 수 있는가 하고 의심하는 분들이 많다. 그러나 견성했다 해도 헤아릴 수 없는 겁 동안에 길들여온 업으로 인하여 경계를 대하면 깨달아 사무친 바와 늘 일치하지는 못한다.

그래서 견성한 지혜로써 항상 체성을 여의지 않고 억겁에 익혀온 업을 제거하고 지혜 덕상을 원만하게 회복시켜야 구경성불할 수 있다.

이것이 앞에서 밝혔듯 금강경에서 부처님께서 하신 말씀이요, 돈오돈수를 주창한 당사자인 육조 대사님께서 하신 말씀이다.

육조단경 돈황본 이십칠 상대법편과 이십팔 참됨과 거짓을 보면 육조 대사님께서 당신의 설법언하에 대오하고도 슬하에서 3, 40년간 보림한 십대 제자들을 모아놓고 말씀하신다.

“내가 떠난 뒤에 너희들은 각각 일방의 지도자가 될 것이다. 그러므로 내가 너희들에게 설법하는 것을 가르쳐서 근본종지를 잃지 않도록 해주리라. 나오고 들어감에 곧 양변을 여의도록 하라.” 하시고 삼과(三科)의 법문과 삼십육대법(三十六對法)을 설하셨다.

뿐만 아니라 2, 3개월 후 다시 십대 제자들을 모아놓고 “8월이 되면 세상을 떠나고자 하니 너희들은 의심이 있거든 빨리 물어라. 내가 떠난 뒤에는 너희들을 가르쳐 줄 사람이 없다.” 하시며 진가동정게(眞假動靜偈)를 설하시고 외워 가져 수행하여 종지를 잃지 않도록 하라고 거듭 당부를 하시고 있다.

이것을 보아서도 이 사람이 말한 돈오돈수와 육조 대사께서 말씀하신 돈오돈수가 같다는 것을 알 수 있을 것이다.

다시 한 번 밝히자면 돈오란 자신의 체성을 단박에 깨닫는 것이요, 돈수란 깨달은 체성의 지혜로써 닦음 없이 닦는 것으로 이것이 곧 오후 보림이며, 수행자들이 퇴전하지 않고 구경성불할 수 있는 바른 수행의 길이다.

다음은 전등록 제 9권에서 추출한 것이다.

"돈오(頓悟)한 사람도 닦아야 합니까?"

"만일 참되게 깨달아 근본을 얻으면 그대가 스스로 알게 될 것이니 닦는다, 닦지 않는다 하는 것은 두 가지의 말일 뿐이다. 처음으로 발심한 사람들이 비록 인연에 따라 한 생각에 본래의 이치를 단박에 깨달았으나 아직도 비롯함이 없는 여러 겁의 습기(習氣)는 단박에 없어지지 않으므로, 그것을 깨끗이 하기 위하여 현재의 업과 의식의 흐름을 차츰차츰 없애야 하나니 이것이 닦는 것이다. 그것에 따로이 수행하게 하는 법이 있다고 말하지 마라.

들음으로 진리에 들고, 진리를 듣고 묘함이 깊어지면 마음이 스스로 두렷이 밝아져서 미혹한 경지에 머무르지 않으리라. 비록 백천 가지 묘한 이치로써 당대를 휩쓴다 하여도 이는 자리에 앉아서 옷을 입었다가 다시 벗는 것으로써 살림을 삼는 것이니, 요약해서 말하면 실제 진리의 바탕에는 한 티끌도 받아들이지 않지만 만행을 닦는 부문에서는 한 법도 버리지 않느니라. 만일 깨달았다는 생각마저 단번에 자르면 범부니 성인이니 하는 생각이 다하여, 참되고 항상한 본체가 드러나 진리와 현실이 둘이 아니어서 여여한 부처이니라."

"무엇이 돈오(頓悟)이며, 무엇을 점수(漸修)라 합니까?"

"자기의 성품이 부처와 똑같다는 것은 단박에 깨달았으나 비롯함이 없는 옛적부터의 습관은 단박에 제거할 수 없으므로 차츰 물리쳐서 성품에 따라 작용을 일으켜야 하니, 마치 사람이 밥을 먹을 때에 첫술에 배가 부르지 않는 것과 같다."

희비송(喜悲頌)

이름도 없고 상도 없는 일 없는 사람이
태평의 노래를 흥에 취해 불렀더니
때도 없고 끝도 없는 구제의 일이
대천세계에 충만히 펼쳐졌네

無名無相無事人
太平之歌唱興醉
無時無端救濟事
大千世界布充滿

정신송(正信頌)

이름도 없고 상도 없는 이 바탕인 몸이여
이 바탕을 깨달은 믿음이라야 바른 믿음이라
이와 같은 믿음이 없이는 마음이 나라 말라
눈 광명이 땅에 떨어질 때 한이 만단이나 되리라

無名無相是地體
悟地之信是正信
若無是信莫心我
眼光落地恨萬端

진심송(眞心頌)

이름도 없고 상도 없는 이 진공이여
공이라는 공은 공이라 함마저도 없는 참 바탕이라
이와 같은 바탕이라야 이 공인 몸이니
이와 같은 몸이 아니면 참다운 마음이 아니니라

無名無相是眞空
空空無空是眞地
如是之地是空體
如是非體非眞心

업신송(業身頌)

업의 몸이란 것은 고통의 근본이요
업의 마음이란 것은 환란의 근본이니라
업의 행이란 것은 다툼의 근본이요
업의 일이란 것은 허망의 근본이니라

業身乃苦痛之本
業心乃患亂之本
業行乃鬪爭之本
業事乃虛妄之本

보림송(保任頌) 1

업의 몸을 다스리는 데는 계행이 최상이요
업의 마음을 다스리는 데는 인내가 최상이니라
계행과 인내로 잘 다스리면 보림이 순조롭고
보림이 잘 이루어지면 구경에 이르느니라

治業身之戒最上
治業心之忍最上
善治戒忍順保任
善成保任至究竟

보림송(保任頌) 2

육신의 욕망은 하나까지라도 모두 버려야 하고
육신을 향한 생각은 남음이 없이 버려야 하느니라
이와 같이 보림하면 업이 중한 사람일지라도
당생에 반드시 구경지를 성취하리라

肉身欲望捨都一
肉身向思捨無餘
如是保任重業人
當生必成究竟地

공성본질송(空性本質頌) 1

무극인 빈 성품의 본래 몸은
언어나 마음과 행위로 표현 못 하나
모든 부처님과 만물이 이로 좇아 생겼으며
궁극에는 일체가 돌아가 의지할 곳이니라

無極空性之本體
言語道斷滅心行
諸佛萬物從此生
窮極一切歸依處

공성본질송(空性本質頌) 2

혼연한 빈 바탕을 이름해서 무아라 하고
무아의 다른 이름이 이 무극이니라
유정 무정이 이로 좇아 생겼으며
궁극에는 일체가 돌아가 의지할 곳이니라

渾然空地名無我
無我異名是無極
有情無情從此生
窮極一切歸依處

공성본질송(空性本質頌) 3

이러-히 밝게 사무친 것을 이름해서 견성이라 하고
이 바탕에 밝게 사무쳐야 바르게 깨달은 사람이니
도를 닦는 사람은 반드시 명심해서
각자 관조하여 그릇 깨달음이 없어야 하느니라

如是明徹名見性
是地明徹正悟人
修道之人必銘心
各者觀照無非悟

명정오송(明正悟頌)

밝지도 어둡지도 않은 곳을 향해서
그윽한 본래의 바탕에 합하여야
이것을 진실한 깨달음이라 하는 것이니
그렇지 않다면 바른 깨달음이 아니니라

向不明暗處
冥合本來地
此是眞實悟
不然非正悟

무아송(無我頌)

중생들이 말하는 무아라는 것은
변하고 달라지는 나를 말하는 것이요
깨달은 사람의 무아는
변하지 않는 나를 말하는 것이다

衆生之無我
變異之言我
悟人之無我
不變之言我

태시송(太始頌)

탐착한 묘한 광명에 합한 것이 상을 이루었고
상에 집착하여 사는데서 익힌 것이 모든 업을 이루었다
업을 인해서 만반상이 생겨 나왔으며
만상으로 해서 만반법이 생겨 나왔다

貪着妙光合成相
執相生習成諸業
因業生出萬般象
萬象生出萬般法

21세기에 인류가 해야 할 일

이 사람은 1962년 26세 때부터 21세기에 인류에게 닥칠 공해문제, 에너지문제를 예견하고 대체에너지(무한원동기, 태양력, 파력, 풍력 등) 개발과 '울 안의 농법'을 연구하고 그 필요성을 많은 이들에게 이야기해 왔습니다.

당시에는 너무 시대를 앞서가는 이야기여서인지 일반인들이 수용하지 못하고 오히려 불신의 눈으로 바라보며 이 사람의 법마저 의심하였습니다. 하지만 현대에 있어서는 이것이 인류가 해결해야 할 가장 절박한 사안이 되어 있습니다.

'사막화방지 국제연대'를 설립한 것도 현재 인류가 해결해야 할 가장 절박한 지구환경문제를 이슈화시키고 그 해결책을 제시하여 재앙에 직면한 지구촌을 살리기 위해서입니다.

'사막화방지 국제연대'에서 추진하고 있는 사막화 방지, 지구 초원화, 대체에너지 개발은 온 인류가 발 벗고 나서서 해야 할 일입니다.

첫 번째 사막화 방지에 있어서 기존에 해왔던 '나무심기 사업'은 천문학적인 예산과 많은 인력을 동원하고도 극도로 황폐한 사막화된 환경을 되살리는 데 실패하였습니다.

그래서 이 사람은 사막화 방지에 있어서는 '사막 해수로 사업'을 새로운 방안으로 제시하였습니다.

사막 해수로 사업은 사막화된 지역에 수도관을 매설하여 바닷물을 끌어들여서 염분에 강한 식물을 중심으로 자연생태계를 복원하는 사업입니다.

이것은 나무심기 사업으로 심은 나무들이 절대적으로 물이 부족하여 생존할 수 없었던 문제를 해결할 수 있는, 현재로서는 유일한 해결책입니다.

그러나 '사막화방지 국제연대'의 목적은 사막이 확장되는 것을 방지하자는 것이지 사막 전체를 완전히 없애자는 것은 아닙니다. 인체에서 심장이 모든 피를 전신의 구석구석까지 골고루 보내어 살아서 활동하게 하듯이 사막은 오히려 지구의 심장 역할을 하는 중요한 곳이기 때문입니다.

그래서 21세기에 있어서는 다만 사막의 확장을 방지할 뿐 아니라 사막을 어떻게 운용하느냐를 연구해야 합니다.

사막에 바둑판처럼 사방이 막힌 플륨관 수로를 설치하여 동, 서, 남, 북 어느 방향의 수로를 얼마만큼 채우느냐 비우느냐에 따라, 사막으로부터 사방 어느 방향으로든 거리까지 조절하여, 원하는 지역에 비를 내리게 하고 그치게 할 수 있습니다. 철저히 과학적인 데이터에 의해 이렇게 사막을 운용함으로써 21세기의 지구를 풍요로운 낙원시대로 만들어가야 합니다.

두 번째로 지구를 초원화할 수 있는 방안으로 3년간의 실험을 통해, 광활한 황무지 지역을 큰 비용을 들이거나 많은 인력을 동원하지 않고도 짧은 시간 내에 초지로 바꿀 수 있는 식물을 찾아냈습니다.

그것은 바로 '돌나물'입니다. 돌나물은 따로 종자를 심을 필요가 없이 헬리콥터나 비행기로 살포해도 생존, 번식할 수 있으며, 추위와 더위, 황폐한 땅에서도 살아남을 수 있는 생명력과 번식력이 강한 식물입니다.

지구환경을 되살리는 초지조성 사업에 있어서 이것이 큰 도움이 되리라 생각합니다.

세 번째의 대체에너지 개발에 있어서는 태양력, 파력, 풍력 등 1962년도부터 이 사람이 연구하고 얘기해왔던 방법들이 이미 많이 개발되어 실용화한 단계에 있습니다.

이 세 가지 일은 한 개인이나 한 국가가 할 수 있는 일이 아닙니다. 모든 국가가 앞장서서 전세계적인 사업으로 이루어져야 합니다. 모든 국가가 함께 하는 기금조성이 이루어져야 하고 기금조성에 참여한 국가는 이 시스템에 의한 전면적인 혜택을 입을 수 있도록 해야 합니다.

인류 모두가 지혜를 모아 이 일에 전력을 다한다면 인류는 유사 이래 가장 좋은 시절을 맞이하게 될 것이며, 만약 이 일을 남의 일인 양 외면한다면 극한의 재앙을 면할 수 없을 것입니다.

이 사람이 오래 전부터 얘기해왔던 '울 안의 농법'은 이미 미국 라스베이거스(Las Vegas)에서 30층짜리 '고층 빌딩 농장'으로 구현되었습니다. 그렇게 크게도 운영될 수 있지만 각자 자신의 집에서 이루어지는 '울 안의 농법'도 필요합니다.

21세기에 있어서 또 하나 인류가 만일의 사태를 대비해서 연구, 추진해야 될 일이 있다면 바닷속에서의 수중생활, 수중경작입니다.

지구 온난화가 심화될 경우, 공기가 너무 많이 오염될 경우, 바닷물이 높아져 살 땅이 좁아질 경우 등에 대비할 때, 인류는 우주에서의 삶보다는 바닷속에서의 삶을 준비해야 합니다. 왜냐하면 그것이 훨씬 수월하고 비용도 절감할 수 있기 때문입니다.

이렇게 깨달은 이는 이변적으로는 깨달음을 얻게 하여 영생불멸의 삶을 영위할 수 있도록 만인을 이끌어야 하며 사변적으로는 일반인이 예측할 수 없는 백 년, 천 년 앞을 내다보아 이를 미리 앞서 대비하도록 만인의 삶을 이끌어줘야 한다고 생각합니다.

불법의 뜻은 다만 진리 전수에만 있는 것이 아니니, 만인이 서로 함께 영원한 극락을 누릴 때까지 물심양면으로, 이사일여로 베풀어 교화해야 하기 때문입니다.

가슴으로 부르는 불심의 노래

여기에 실린 가사는 모두 농선 대원 선사님께서 직접 작사하신 것이다. 수행의 길로 들어서게끔 신심, 발심을 북돋아주는 가사로부터 수행의 길로 접어든 이의 구도의 몸부림이 담겨있는 가사, 대승의 원력을 발해서 교화하는 보살의 자비심과 함께 낙원세계를 누리는 풍류를 그려놓은 가사까지 한마디, 한마디가 생생하여 그 뜻이 뼛속 깊이 새겨지고 그 멋에 흠뻑 취하게 된다. 농선 대원 선사님께서는 거칠고 말초적인 요즘의 노래를 듣고 이러한 정서를 순화시키고자, 또한 수행의 마음을 진작시키고자 하는 뜻에서 이 가사들을 쓰셨다.

그래야지

1.
마음으로 물질로써
갖가지로 베푸는 것
생활화한 국민되어
이뤄내는 국가되세
그래야지 그래야지
얼씨구나 좀 더 좋다

그런 이웃 그런 나라
이뤄내서 사노라면
모든 나라 따르리니
그리되면 지상낙원
그래야지 그래야지
얼씨구나 좀 더 좋다

별중의 별 될 것이니
선조의 뜻 이룸이라
후손으로 할 일 해낸
자부심이 치솟누나
그래야지 그래야지
얼씨구나 좀 더 좋다

얼씨구야 절씨구야
좀 더 좋고 좀 더 좋다
얼씨구야 절씨구야
좀 더 좋고 좀 더 좋다

아리랑 아리랑 아라리요
아리랑 고개를 넘어간다

2.
그래야지 그래야지
혼자 삶이 아닌 세상
웬만하면 넘어가는
아량으로 살아가세
그래야지 그래야지
얼씨구나 좀 더 좋다

부딪히면 틀어져서
소통의 길 막히나니
그러므로 눈 감아줘
참는 것이 상책일세
그래야지 그래야지
얼씨구나 좀 더 좋다

걸린 생각 비워내서
한결같이 사노라면
복이되어 돌아옴을
실감할 날 있을 걸세
그래야지 그래야지
좀 더 좋고 좀 더 좋다

얼씨구야 절씨구야
좀 더 좋고 좀 더 좋다
얼씨구야 절씨구야
좀 더 좋고 좀 더 좋다

아리랑 아리랑 아라리요
아리랑 고개를 넘어간다

마음

1.
시작도 없는 마음
끝남도 없는 마음

온통으로 드러나
언제나 같이 있어

어떤 것도 가릴 수
전혀 없는 그 마음

고고하고 당당한
영원한 마음일세

아리랑 아리랑 아라리요
아리랑 고개를 넘어간다
청천 하늘에 잔별도 많고
요내 가슴에는 희망도 많다

2.
모두를 마음으로
시도를 뭐든 해봐

안되는 일 없어서
사는 데 불편없고

하고프면 하면 돼
뜻 펼치는 삶이니

즐겁고도 즐거운
누리는 삶이로세

아리랑 아리랑 아라리요
아리랑 고개를 넘어간다
청천 하늘에 잔별도 많고
요내 가슴에는 희망도 많다

사는게 아리랑 고개

1.
이 마음이 내가 되니
나고 죽음 본래 없고
이리 보고 저리 봐도
허공까지 내 몸일세
신기하고 신기하다
신기하고 신기해

이 마음이 내가 되니
안 되는 일 전혀 없어
잡된 생각 사라지고
두려움도 없어졌네
신기하고 신기하다
신기하고 신기해

이 마음이 내가 되니
끝이 없이 자유롭고
잠 못 이룬 괴로움과
공황장애 흔적 없네
신기하고 신기하다
신기하고 신기해

아리랑 아리랑
아라리요
아리랑 고개를 넘어왔다

2.
이 마음이 내가 되니
맘 먹은 일 순조롭고
살아가는 나날들이
마음광명 누림일세
신기하고 신기하다
신기하고 신기해

이 마음이 내가 되니
마음광명 누림이라
나날들이 평화롭고
자신감이 넘쳐나네
신기하고 신기하다
신기하고 신기해

이 마음이 내가 되니
대인관계 순조로와
일일마다 즐거웁고
웃음꽃이 피어나네
신기하고 신기하다
신기하고 신기해

아리랑 아리랑
아라리요
아리랑 고개를 넘어왔다

불보살의 마음

1.
자비, 그 자비는 눈물이었네
불나방이 불을 좇듯 가는 이
그래도 못 잊어서 버리지 못해
저리는 저리는 가슴, 그 가슴 안고서
눈물, 피눈물로 저리 부르네

2.
자비, 그 자비는 눈물이었네
제 살 길을 저버리는 이들을
그래도 못 잊어서 버리지 못해
저리는 저리는 가슴, 그 가슴 안고서
눈물, 피눈물로 저리 부르네

나의 노래

1.
노세 노세 봄놀이하세
대천세계 이 봄 경치
한산 습득 친구 삼아
호연지기 즐겨볼까
얼씨구나 절씨구
아니나 즐기고 무엇하리

2.
노세 노세 봄놀이하세
걸음 좇아 이른 곳곳
문수 보현 벗을 삼아
화엄광장 춤춰볼까
얼씨구나 절씨구
아니나 즐기고 무엇하리

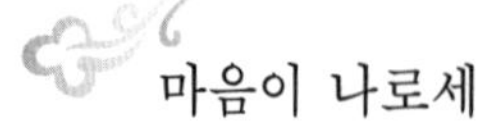

마음이 나로세

본래 마음이 나이건만
몸이 내가 된 삶이 되어
갖은 고통이 따랐다네
이리 쉽고도 쉬운 일을
어찌 등 돌린 삶으로서
고통 속에서 헤매는고

맘이 내가 된 삶으로서
갖은 고통이 없는 삶을
우리 누리고 살아보세
마음 수행을 모두 하여
나고 죽음이 없음으로
태평 세월을 누려보세

거룩한 만남

불법을 만난 건 행운 중 행운이고 내 생의 정점일세
거룩한 이 법을 만나는 사람이면 서로가 권하고 권을 하여
함께 하는 일상의 수행이 되어서 다 같이 누리는 낙원 이뤄
고통과 생사는 오간 데 없고 웃음과 평온만 넘치고 넘쳐
길이길이 끝이 없는 복락 누리세

여래의 큰 은혜 순간인들 잊으랴 수행해 크게 깨쳐
구제를 다함만 큰 은혜 갚음이니 노력과 실천 다해
우리 모두 씩씩한 낙원의 역군이 되어 봉화적인 이생의 삶으로써
최선을 다하여 부끄럼 없는 대장부로, 은혜 갚는 장부로
길이길이 끝이 없는 복락 누리세

사람다운 삶

1.
사람이 사람다운 사람이 되려면
명상으로 비우고 비워서
고요의 극치에 이르러
자신을 발견한 슬기로써
마음을 다스리는 연마 후에
그 능력으로 모두가 살아가야
평화로운 세상이 활짝 열려
모두 함께 누릴 걸세

2.
서로가 다툼 없이 서로를 아껴서
마음으로 베풀고 베푸는
사회로 이루어 간다면
낙원이 멀리만 있는 것이 아니라
살고 있는 이대로가 낙원이란 걸
모두가 실감하는
우리들의 세상이 활짝 열려
모두 함께 누릴 걸세

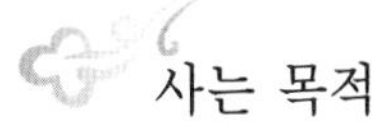

사는 목적

우리 모두 행복을 찾아 영원을 찾아
내면 향해 비춰보는 명상으로
앉으나 서나 일을 하나 최선을 다하세
하루의 해가 서산을 붉게 물들이고
합장 기도하여 또 다짐과 맹서의 말
뜻 이루어 이 세상의 빛이 돼서
구류를 생사 고해에서 구제하는 사람으로
영원히 영원히 살 것입니다

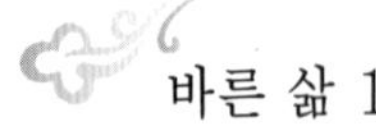

바른 삶 1

우리 삶을 두고서 허무하다 누가 말했나
본래 마음이 나 아닌가
그 마음 나를 삼아 살면 되지
지금도 늦지 않네 우리 모두
오늘부터 모두들 마음으로 나를 삼아
길이길이 웃고들 사세

바른 삶 2

1.
어디어디 어디라 해도
마음 찾아 바로만 살면
그곳 바로 극락이라네
세상분들 귀담아듣고
사람 몸을 가졌을 때에
모든 고비 극복해내서
참선으로 참나를 깨쳐
걸림 없는 해탈의 세상
누려보세 누려들 보세

2.
어두운 곳 태양이 뜨듯
중생계에 불타 출현해
바른 삶으로 인도하셔
복된 날을 기약케 하니
아니아니 좋고 좋은가
이 몸 주인 통쾌히 깨쳐
억겁 업을 말끔히 씻고
걸림 없는 해탈의 세상
누려보세 누려들 보세

도서출판 문젠(Moonzen Press)의 책들

출간 도서

바로보인 전등록 전 5권
바로보인 무문관
바로보인 벽암록
바로보인 천부경 · 교화경 · 치화경
바로보인 금강경
세월을 북채로 세상을 북삼아
영원한 현실
바로보인 신심명
바로보인 환단고기 전 5권
바로보인 선문염송 전 30권
앞뜰에 국화꽃 곱고 북산에 첫눈 희다
바로보인 증도가
바로보인 반야심경
선을 묻는 그대에게 1 · 2
바로보인 선가귀감
바로보인 법융선사 심명
주머니 속의 심경
바로보인 법성게
달다 -전강 대선사 법어집
기우목동가
초발심자경문
방거사어록
실증설
하택신회대사 현종기
불조정맥 - 한 · 영 · 중 3개국어판
바른 불자가 됩시다
누구나 궁금한 33가지
108진참회문 - 한 · 영 · 중 3개국어판
달마의 일할도 허락지 않는다
마음대로 앉아 죽고 서서 죽고
화두 3개국어판 - 한 · 영 · 중
바로보인 간당론
완전한 우리말 불공예식법
바로보인 유마경
실증설 5개국어판 - 한 · 영 · 불 · 서 · 중
누구나 궁금한 33가지 3개국어판
- 한 · 영 · 중
달마의 일할도 허락지 않는다
3개국어판 - 한 · 영 · 중
법성게 3개국어판 - 한 · 영 · 중
정법의 원류
바로보인 도가귀감
바로보인 유가귀감
화엄경 81권
바로보인 전등록 전 30권

출간예정 도서

바로보인 능엄경 제6권
바로보인 원각경
바로보인 육조단경
바로보인 대전화상주 심경
바로보인 위앙록
해동전등록 전 10권
말 밖의 말
언어의 향기
농선 대원 선사 선송집
진리와 과학의 만남
바로보인 5대 종교
금강경 야부송과 대원선사 토끼뿔
선재동자 참알 오십삼선지식
경봉선사 혜암선사 법을 들어 설하다
십현담 주해
불교대전
태고보우선사 어록

1. 바로보인 전등록 (전30권을 5권으로)

7불과 역대 조사의 말씀이 1,700공안으로 집대성되어 있는 선종 최고의 고전으로, 깨달음의 정수가 살아 숨쉬도록 새롭게 번역되었다.
464, 464, 472, 448, 432쪽.
각권 18,000원

2. 바로보인 무문관

황룡 무문 혜개 선사가 저술한 공안집으로 전등록, 선문염송, 벽암록 등과 함께 손꼽히는 선문의 명저이다. 본칙 48개와 무문 선사의 평창과 송, 여기에 역저자인 대원선사의 도움말과 시송으로 생명과 같은 선문의 진수를 맛보여 주고 있다.
272쪽. 12,000원

3. 바로보인 벽암록

설두 선사의 설두송고를 원오 극근 선사가 수행자에게 제창한 것이 벽암록이다.
이 책은 본칙과 설두 선사의 송, 대원선사의 도움말과 시송으로 이루어져, 벽암록을 오늘에 맞게 바로 보이고 있다.
456쪽. 15,000원

4. 바로보인 천부경

우리 민족 최고(最古)의 경전 천부경을 깨달음의 책으로 새롭게 바로 보였다. 이 책에는 81권의 화엄경을 81자에 함축한 듯한 천부경과, 교화경, 치화경의 내용이 함께 담겨 있으며, 역저자인 대원선사가 도움말, 토끼뿔, 거북털 등으로 손쉽게 닦아 증득하는 문을 열어 놓고 있다.
432쪽. 15,000원

5. 바로보인 금강경

대원선사의 『바로보인 금강경』은 국내 최초로 독창적인 과목을 내어 부처님과 수보리 존자의 대화 이면의 숨은 뜻을 드러내고, 자문과 시송으로 본문의 핵심을 꿰뚫어 밝혀, 금강경 전체를 손바닥 안의 겨자씨를 보듯 설파하고 있다.
488쪽. 15,000원

6. 세월을 북채로 세상을 북삼아

대원선사의 선시가 담긴 선시화집 『세월을 북채로 세상을 북삼아』는 선과 시와 그림이 정상에서 만나 어우러진 한바탕이다.
선의 세계를 누리는 불가사의한 일상의 노래, 법열의 환희로 취한 어깨춤과 같은 선시가 생생하고 눈부시게 내면의 소리로 흐른다.
180쪽. 15,000원

7. 영원한 현실

애매모호한 구석이 없이 밝고 명쾌하여, 너무도 분명함에 오히려 그 깊이를 헤아리기 어려운, 대원선사의 주옥같은 법문을 모아 놓은 법문집이다.
400쪽. 15,000원

8. 바로보인 신심명

신심명은 양끝을 들어 양끝을 쓸어버리는, 40대치법으로 이루어진, 3조 승찬 대사의 게송이다. 이를 대원선사가 바로 번역하는 것은 물론, 주해, 게송, 법문을 더해 통쾌하게 회통하고 자유자재 농한 것이 이 『바로보인 신심명』이다.
296쪽. 10,000원

9. 바로보인 환단고기 (전5권)

『바로보인 환단고기』 1권은 민족정신의 정수인 환단고기의 진리를 총정리하여 출간하였다. 2권에는 역사총론과 태초에서 배달국까지 역사가 실려 있으며, 3권은 단군조선, 4권은 북부여에서부터 고려까지의 역사가 실려 있다. 5권에는 역사를 증명하는 부록과 함께 환단고기 원문을 실었다. 344 · 368 · 264 · 352 · 344쪽. 각권 12,000원

10. 바로보인 선문염송 (전30권)

선문염송은 세계최대의 공안집이다. 전 공안을 망라하다시피 했기에 불조의 법 쓰는 바를 손바닥 들여다보듯 하지 않고는 제대로 번역할 수 없다. 대원선사는 전 공안을 바로 참구할 수 있게끔 번역하고 각 칙마다 일러보였다. 352 368 344 352 360 360 400 440 376 392 384 428 410 380 368 434 400 404 406 440 424 460 472 456 504 528 488 488 480 512쪽. 각권 15,000원

11. 앞뜰에 국화꽃 곱고 북산에 첫눈 희다

대원선사의 선문답집으로 전강 · 경봉 · 숭산 · 묵산 선사와의 명쾌한 문답을 실었으며, 중앙일보의 <한국불교의 큰스님 선문답> 열 분의 기사와 기자의 질문에 대한 대원선사의 별답을 함께 실었다.
200쪽. 5,000원

12. 바로보인 증도가

선종사에 사라지지 않을 발자취로 남은 영가 선사의 증도가를 대원선사가 번역하고 법문과 송을 더하였다.
자비의 방편인 증도가의 말씀을 하나하나 쳐가는 선사의 일갈이야말로 영가 선사의 본 의중과 일치하여 부합하는 것이라 아니할 수 없다.
376쪽. 10,000원

13. 바로보인 반야심경

이 시대의 야부(冶父)선사, 대원선사가 최초로 반야심경에 과목을 붙여 반야심경 내면에 흐르는 뜻을 밀밀하게 밝혀놓고 거침없는 송으로 들어보였다.
264쪽. 10,000원

14. 선(禪)을 묻는 그대에게 (전10권 중 2권)

대원선사의 선수행에 대한 문답집.
깨달아 사무친 경지에 대한 밀밀한 점검과, 오후보림에 대한 구체적인 수행법 제시와, 최초의 무명과 우주생성의 원리까지 낱낱이 설한 법문이 담겨 있다.
280쪽, 272쪽. 각권 15,000원

15. 바로보인 선가귀감

선가귀감은 깨닫고 닦아가는 비법이 고스란히 전수되어 있는 선가의 거울이라 할 만하다. 더욱이 바로보인 선가귀감은 매 소절마다 대원선사의 시송이 화살을 과녁에 적중시키듯 역대 조사와 서산대사의 의중을 꿰뚫어 보석처럼 빛나고 있다.
352쪽. 15,000원

16. 바로보인 법융선사 심명

심명 99절의 한 소절, 한 소절이 이름 그대로 마음에 새겨두어야 할 자비광명들이다.
이 심명은 언어와 문자이면서 언어와 문자를 초월한 일상을 영위하게 하는 주옥같은 법문이다.
278쪽. 12,000원

17. 주머니 속의 심경

반야심경은 부처님이 설하신 경 중에서도 절제된 경으로 으뜸가는 경이다. 대원선사의 선송(禪頌)도 그 뜻을 따라 간략하나 선의 풍미를 한껏 담고 있다. 하루에 한 소절씩을 읽고 참구한다면 선 수행의 지름길이 될 것이다.

84쪽. 5,000원

18. 바로보인 법성게

법성게는 한마디로 화엄경의 핵심부를 온통 훤출히 드러내놓은 게송이다. 짧은 글 속에 일체의 법을 이렇게 통렬하게 담아놓은 법문도 드물 것이다.
이렇게 함축된 법성게 법문을 대원선사가 속속들이 밀밀하게 설해놓았다.
176쪽. 10,000원

19. 달다 – 전강 대선사 법어집

이제는 전설이 된 한국 근대선의 거목인 전강 선사님의 최상승법과 예리한 지혜, 선기로 넘쳤던 삶이 생생하게 담겨 있는 전강 대선사 법어집 〈달다〉!
전강 대선사님의 인가 제자인 대원선사가 전강 대선사님의 법거량과 법문, 일화를 재조명하여 보였다.
368쪽. 15,000원

20. 기우목동가

그 뜻이 심오하여 번역하기 어려웠던 말계 지은 선사의 기우목동가!
대원선사가 바른 뜻이 드러나도록 번역하고, 간결한 결문과 주옥같은 선송으로 다시 보였다.
146쪽. 10,000원

21. 초발심자경문

이 초발심자경문은 한문을 새기는 힘인 문리를 터득하게 하기 위하여 일부러 의역하지 않고 직역하였다.
대원선사의 살아있는 수행지침도 실려 있다.
266쪽. 10,000원

22. 방거사어록

방거사어록은 선의 일상, 선의 누림을 보여주는 대표적인 선문이다. 역저자인 대원선사는 방거사어록의 문답을 '본연의 바탕에서 꽃피우는 일상의 함'이라 말하고 있다. 법의 흔적마저 없는 문답의 경지를 온전하게 드러내 놓은 번역과, 방거사와 호흡을 함께 하는 듯한 '토끼뿔'이 실려 있다.
306쪽. 15,000원

23. 실증설

이 책은 대원선사가 2010년 2월 14일 구정을 맞이하여 불자들에게 불법의 참뜻을 보이기 위해 홀연히 펜을 들어 일시에 써내려간 법문을 모태로 하였다. 실증한 이가 아니고는 설파할 수 없는 성품의 이치를 자문자답과 사제간의 문답을 통해 1, 2, 3부로 나눠 실증하여 보이고 있다.
224쪽. 10,000원

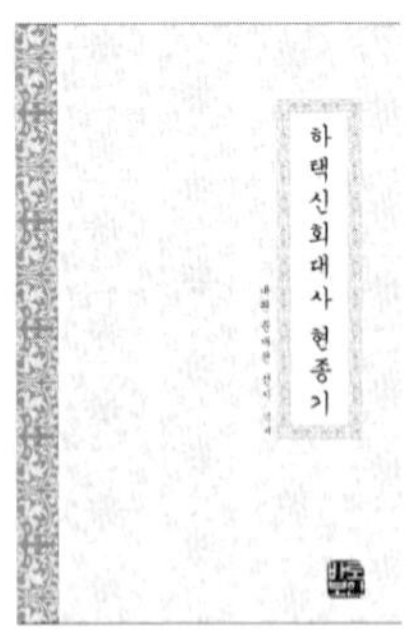

24. 하택신회대사 현종기

육조대사의 법이 중국천하에 우뚝하도록 한 장본인, 하택신회대사의 현종기. 세간에 지해종도(知解宗徒)로 알려져 있는 편견을 불식시키는 뛰어난 깨달음의 경지가 여기에 담겨있다. 대원선사가 하택신회대사의 실경지를 드러내고 바로보임으로써 빛냈다.
232쪽. 10,000원

25. 불조정맥 - 韓・英・中 3개국어판

석가모니불로부터 현 78대에 이르기까지 불조정맥진영(佛祖正脈眞影)과 정맥전법게(正脈傳法偈)를 온전하게 갖춘 최초의 불조정맥서. 대원선사가 다년간 수집, 정리하여 기도와 관조 끝에 완성한 『불조정맥』을 3개국어로 완역하였다.
216쪽. 20,000원

26. 바른 불자가 됩시다

참된 발심을 하여 바른 신앙, 바른 수행을 하고자 해도, 그 기준을 알지 못해 방황하는 불자님들을 위해 불법의 바른 길잡이 역할을 하도록 대원선사가 집필하여 출간하였다.
162쪽. 10,000원

27. 누구나 궁금한 33가지

21세기의 인류를 위해 모든 이들이 가장 어렵고 궁금해 하는 문제, 삶과 죽음, 종교와 진리에 대한 바른 지표를 제시하고자 대원선사가 집필하여 출간하였다.
180쪽. 10,000원

28. 108진참회문 - 韓・英・中 3개국어판

전생의 모든 악연들이 사라져 장애가 없어지고, 소망하는 삶을 살게 하기 위해 대원선사가 10계를 위주로 구성한 108 항목의 참회문이다. 한 대목마다 1배를 하여 108배를 실천할 것을 권한다.
170쪽. 15,000원

29. 달마의 일할도 허락지 않는다

대원선사의 짧고 명쾌한 법문집.
책을 잡는 순간 달마의 일할도 허락지 않는 선기와 맞닥뜨리게 될 것이다. 때로는 하늘을 찌를 듯한 기세와, 때로는 흔적 없는 공기와도 같은 향기를 일별하기를…
190쪽. 10,000원

30. 마음대로 앉아 죽고 서서 죽고

생사를 자재한 분들의 앉아서 열반하고 서서 열반한 내력은 물론 그분들의 생애와 법까지 일목요연하게 수록해놓았다.
446쪽. 15,000원

31. 화두 3개국어판 - 韓 · 英 · 中

『화두』는 대원선사의 평생 선문답의 결정판이다. 생생하게 살아있는 선(禪)을 한 · 영 · 중 3개국어로 만날 수 있다. 특히 대원선사의 짧은 일대기가 실려 있어 그 선풍을 음미하는 데에 큰 도움을 주고 있다.
440쪽. 15,000원

32. 바로보인 간당론

법문하는 이가 법리를 모르고 주장자를 치는 것을 눈먼 주장자라 한다. 법좌에 올라 주장자 쓰는 이들을 위해서 대원선사가 간당론에서 선리(禪理)만을 취하여 『바로보인 간당론』을 출간하였다.
218쪽. 20,000원

33. 완전한 우리말 불공예식법

부처님께 공양을 올리고 불보살님의 가피를 구하는 예법 등을 총칭하여 불공예식법이라 한다. 대원선사가 이러한 불공예식의 본뜻을 살려서 완전한 우리말본 불공예식법을 출간하였다.

456쪽. 38,000원

34. 바로보인 유마경

유마경은 불법의 최정점을 찍는 경전이라 할 것이니, 불보살님이 교화하는 경지에서의 깨달음의 실경과 신통자재한 방편행을 보여주는 최상승 경전이다. 대원선사가 〈대원선사 토끼뿔〉로 이 유마경에 걸맞는 최상승 법을 이 시대에 다시금 드날렸다.
568쪽. 20,000원

35. 실증설
5개국어판 – 韓 · 英 · 佛 · 西 · 中

대원선사가 불법의 참뜻을 보이기 위해 홀연히 펜을 들어 일시에 써내려간 실증설! 실증한 이가 아니고는 설파할 수 없는 도리로 가득한 이 책이 드디어 영어, 불어, 스페인어, 중국어를 더하여 5개국어로 편찬되었다.
860쪽. 25,000원

36. 누구나 궁금한 33가지
3개국어판 – 韓 · 英 · 中

누구라도 풀어야 할 숙제인 33가지의 의문에 대한 답을 21세기의 현대인에게 맞는 비유와 언어로 되살린 『누구나 궁금한 33가지』가 한글, 영어, 중국어 3개국어로 출간되었다.
408쪽. 15,000원

37. 달마의 일할도 허락지 않는다 3개국어판 – 韓 · 英 · 中

대원선사의 짧고 명쾌한 법문집인 『달마의 일할도 허락지 않는다』가 한글, 영어, 중국어 3개국어로 출간되었다. 전세계에서 유일하게 활선의 가풍이 이어지고 있는 한국, 그 가운데에서도 불조의 정맥을 이은 대원선사가 살활자재한 법문을 세계로 전하고 있는 책이다.
308쪽. 15,000원

38. 화엄경 (전81권)

대원선사는 선문염송 30권, 전등록 30권을 모두 역해하여 세계 최초로 1,463칙 전 공안에 착어하였다. 이러한 안목으로 대천세계를 손바닥의 겨자씨 들여다보듯 하신 불보살님들의 지혜와 신통으로 누리는 불가사의한 화엄세계를 열어 보였다.
220쪽. 각권 15,000원

39. 법성게 3개국어판 – 韓 · 英 · 中

법성게는 한마디로 화엄경의 핵심부를 훤출히 드러내 놓은 게송으로 짧은 글 속에 일체 법을 고스란히 담아 놓았다. 대원선사의 통쾌한 법성게 법문이 한영중 3개국어로 출간되었다.
376쪽. 15,000원

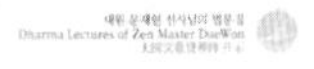

40. 정법의 원류

『정법의 원류』는 불조정맥을 이은 정맥선원의 소개서이다. 정맥선원은 불조정맥 제77조 조계종 전강 대선사의 인가 제자인 대원 전법선사가 주재하는 도량이다. 『정법의 원류』를 통해 정맥선원 대원선사의 정맥을 이은 법과 지도방편을 만날 수 있다.
444쪽. 20,000원

41. 바로보인 도가귀감

도가귀감은, 온통인 마음〔一物〕을 밝혀 회복함으로써, 생사를 비롯한 모든 아픔과 고를 여의어, 뜻과 같이 누려서 살게 하고자 한 도교의 뜻을, 서산대사가 밝혀놓은 책이다. 대원선사가 부록으로 도덕경의 중대한 대목을 더하고, 그 대목대목마다 결문(決文)하였다.
218쪽. 12,000원

42. 바로보인 유가귀감

유가귀감은 서산대사가 간추려놓은 구절로서, 간결하지만 심오하기 그지없으니, 간략한 구절 속에서 유교사상을 미루어볼 수 있게 하였다. 대원선사가 그 뜻이 잘 드러나게 번역하고 그 대목대목마다 결문(決文)하였다.
236쪽. 15,000원

43. 바로보인 전등록 (전30권)

7불로부터 52세대까지 1,701명 선지식의 깨달음의 진수가 담긴 전등록 30권에 농선 대원 선사가 선리(禪理)의 토끼뿔을 더해 닦아 증득하는데 도움이 되도록 하였다.
288쪽. 각권 15,000원

농선 대원 선사 법문 mp3 주문 판매

* 천부경 : 15,000원
* 신심명 : 30,000원
* 현종기 : 65,000원
* 기우목동가 : 75,000원
* 반야심경 : 1회당 5,000원 (총 32회)
* 선가귀감 : 1회당 5,000원 (총 80회)
* 금강경 : 40,000원
* 법성게 : 10,000원
* 법융선사 심명 : 100,000원

농선 대원 선사 작사 CD 주문 판매

* 가슴으로 부르는 불심의 노래 1,2,3집
  각 : 1만 5천원
* 유튜브에서 채널 구독하시고 무료로
  찬불가 앨범을 감상하세요

주문 문의 ☎ 031-534-3373

유튜브에서 채널 구독하시고
무료로 찬불가 앨범을 감상하세요

유튜브에서 MOONZEN을 검색하시거나
아래의 주소로 접속해주세요

http://www.youtube.com/user/officialMOONZEN